I0406866

LES ANGES ONT DES AILES

POUR NOUS APPRENDRE LA LÉGÈRETÉ

Dialogues avec la dimension contemplative

Alana Sverenn

LES ANGES ONT DES AILES
POUR NOUS APPRENDRE LA LÉGÈRETÉ

Dialogues avec la dimension contemplative

Les Éditions du Polythéiste

2016

ISBN-10: 1541274792

ISBN-13: 978-1541274792

Socrate : Je foule l'air et scrute le soleil

Strepsiade : Tu regardes donc les dieux de haut, de ton panier : pourquoi pas depuis la terre, dans ce cas ?

Socrate : C'est que jamais je n'aurais découvert ce qu'il en est exactement des phénomènes célestes si je n'avais mis mon intelligence en suspension et mêlé ma pensée subtile à son semblable, l'air ; si j'avais été à terre et que j'avais examiné d'en bas ce qui est en haut, je n'aurais rien trouvé ; car la terre, part force, attire à elle l'humidité de la pensée, c'est aussi ce qui arrive au cresson.

Les débuts de la philosophie, des premiers penseurs grecs à Socrate, Fayard (2016)

PRÉLUDE

Cette randonnée d'observation dans la dimension contemplative assemble des expériences comme l'archéologue assemble les tesselles d'une mosaïque qu'il tente de reconstituer. Par où commencer ? On ne saurait envisager la question contemplative sans la confronter au réel. La dimension contemplative est celle qui regarde sans intervenir, celle qui prévient, celle qui sait lire au-delà de ce qu'on lui donne à lire. Elle transforme nos consciences et par extension, notre perception du monde. La juxtaposition des différentes pièces de cette mosaïque et l'accordance qui nait de ces tesselles à la fois semblables et dissemblables, révèle la fonction de cette faculté contemplative parfois pieuse, parfois politique, toujours transdisciplinaire, à la croisée de tous les chemins.

La dimension contemplative, à la croisée d'un patrimoine matériel composé d'espaces sacrés et d'un patrimoine immatériel fait de capacités visionnaires, nous interroge. Quelles croyances projetons-nous ? Nous avons imposé au monde un tempo perpétuellement actif et glouton en écartant les accords plus sereins et rayonnants de la clé contemplative. Depuis, nous émettons en boucle des notes bruyantes et rédupliquées sans jamais songer à tempérer la violence de ce tintamarre qui disloque les sociétés et les écosystèmes.

Les facultés de la dimension contemplative modifient notre relation au monde dans le sens décrit en 1929 par l'explorateur Knud Rasmussen :

« Ce fut au milieu de ces accès de joie mystérieuse et puissante que je devins chaman. Je pouvais voir et sentir de façon complètement différente. J'avais gagné mon qaumaneq, ma luminosité, la lumière propre au cerveau et au corps du chaman, et cela en manière telle que j'étais capable non seulement de voir dans les ténèbres de la vie, mais de faire rayonner de moi cette même lumière, une lumière imperceptible aux êtres humains, mais visible pour tous les esprits de la terre, du ciel et de la mer. Mon premier esprit auxiliaire fut mon homonyme, un petit Aua [...] c'était le petit Aua qui m'apportait toute cette luminosité intérieure en planant au-

dessus de moi, tout le temps que je chantais. »
(Knud Rasmussen (1929), cité dans N. Adell,
L'Anthropologie des Savoirs, p.73)

Depuis les années 1960 un très grand nombre de textes classés sous le label de « littérature New Age » ne disent pas autre chose. Depuis bientôt soixante ans, plusieurs générations ont renoué autrement et en silence avec la fonction contemplative. Cette nouvelle sociologie spirituelle s'est développée sans que les sciences sociales comprennent la portée de cette tentative. Cette pensée contemplative hybride, a pourtant souvent anticipé la plupart des processus à l'œuvre dans la société occidentale. Les visions de l'indienne Chippewa No-Eyes et de Mary Summer Rain en firent partie dès les années 1980. En 2016, la très suivie médium, Monique Mathieu canalise elle aussi l'indienne Chippewa No-Eyes. Cette vision profondément sociétale du sacré, où il n'y a plus une spiritualité mais des êtres spirituels qui exercent une faculté contemplative, fait avancer les consciences calmement et librement. La dimension contemplative a ses propres systèmes de représentation du monde, parfois bien plus proches du réel que ceux que nous utilisons. Elle a le mérite de nous interroger, d'interroger nos valeurs et nos choix sociétaux :

"No-Eyes, la vieille Indienne, désire vous parler parce que c'est vraiment de circonstance".

Elle me dit tout d'abord :

"Je vous salue, vous êtes qui êtes si près de mon cœur ! Je salue votre cœur pur et le courage dont vous faites preuve pour rester sur ce beau chemin spirituel !

Mes enfants, à votre époque, il vous faut beaucoup de courage pour rester sur ce chemin, pour ne pas vous laisser détourner par tout ce que vous entendez, par les peurs qui sont distillées en permanence au travers de ce que vous appelez "médias".

Ma mission était différente de la vôtre, mais elle rejoint parfaitement la mission de ce canal.

Il y a quelques années de cela, j'ai rencontré une personne que j'ai chérie et qui a écrit mes paroles à sa façon. J'ai été heureuse qu'elle écrive tout ce que je lui ai transmis afin que beaucoup d'êtres, dans le monde entier, puissent lire mes paroles.

J'étais aveugle, mais je voyais beaucoup mieux que mes frères humains. J'avais la vision de votre devenir et également la vision de ce qui se passe au-dessus de vos têtes et qui n'avait pas encore pris corps sur ce monde.

J'ai vu des forces gigantesques en opposition; des forces de lumière sombre, parfois très sombre s'opposant aux forces de Lumière, (une lumière éclatante) qui ne veulent pas détruire l'ombre mais qui désirent simplement l'éclairer.

Depuis la nuit des temps, ce petit monde est bousculé par des catastrophes multiples, et manipulé (depuis beaucoup plus longtemps que vous ne l'imaginez), par des forces n'appartenant pas à votre galaxie. Non seulement j'en avais conscience, mais j'avais la possibilité de m'extraire de mon corps de matière pour aller travailler, avec ceux qui vous aident, sur des plans que vous considérez comme invisibles.

J'aimerais vous dire qu'en fait il n'y a rien de visible ou d'invisible ; vous n'avez que la vision de vous-même et des choses et de la vie. Certaines personnes, comme ce petit canal, perçoivent des choses que vous ne percevez pas ; pourtant je suis présente parmi vous et je vous souris ! Ce canal peut me percevoir parce que sa conscience est modifiée. Si vous aviez cette possibilité - et vous l'avez ! - de modifier ne serait-ce que quelques instants votre conscience, vous pourriez également me percevoir.

Donc, pour la mission qui était la mienne,

pour le choix qui a été le mien, j'ai eu des capacités que vous pourriez considérer comme magiques. J'ai vu, j'ai survolé l'époque actuelle et je suis même allée dans votre futur. J'ai vu toutes les turbulences, j'ai vu tous les mensonges et toutes les manipulations, j'ai vu tout ce que certains veulent vous faire croire parce qu'ils le croient eux-mêmes.

Les gouvernants de ce monde sont abusés par eux-mêmes. Il y a un grand danger pour tous les êtres humains, le danger de se laisser porter, de succomber à la facilité, de succomber aux attraits de la matière et de ce que vous appelez le sexe, et bien évidemment le danger de succomber à l'argent avec tout ce qu'il peut vous procurer.

À votre époque bien spécifique, vous êtes au summum de ce danger et, pour pouvoir vous endormir encore davantage, les êtres qui ne veulent pas le bien de la Terre ont mis à votre disposition une technologie qui abêtit les humains. Cette technologie bien employée aurait pu être vraiment merveilleuse pour votre évolution !

Ce que veulent les êtres qui, depuis très longtemps, ont pris possession de la Terre et de la conscience de beaucoup d'êtres humains, c'est mettre cette technologie dans les mains d'enfants, d'adolescents et d'adultes complètement soumis à elle et qui, de ce fait, sont dans l'incapacité de penser par eux-mêmes

Beaucoup d'humains croient que racontent les médias, les politiques et les religieux ; ils croient tout ce qu'on leur raconte à partir du moment où cela passe par Internet ou par la télévision.

Je vous demande d'essayer de distinguer le vrai du faux, le juste de l'injuste, afin de savoir où est vraiment votre chemin !

A l'époque actuelle, vous marchez dans le brouillard. Certains êtres dont la conscience est beaucoup plus éveillée ont en eux une Lumière qui les éclaire dans ce brouillard. Parfois cette Lumière faiblit et les êtres n'ont plus le courage d'avancer parce qu'ils ne voient plus ce qui est devant eux.

Pour traverser ce brouillard, il faut que vous gardiez toujours la Lumière intérieure qui éclaire votre route. Il ne faut pas que vous donniez tous pouvoirs aux autres et à tous ceux qui manipulent votre conscience.

Que ce soit au niveau de la santé, de l'information ou de la religion, essayez d'avoir votre opinion. Tant que votre lumière intérieure éclairera votre route, vous aurez une aide considérable des plans de Lumière. Moi, que vous avez appelée No Eyes, j'aide aussi beaucoup les miens et d'autres êtres partout dans le monde.

Votre société s'écroulera, c'est une évidence ! Si elle ne s'écroulait pas, vous iriez réellement à la vraie catastrophe ! Votre société se transformera, mais il y aura beaucoup, beaucoup de départs avant que cela ne soit.

Les seuls qui auront la possibilité d'aider réellement ceux qui restent seront les êtres au cœur pur qui auront continué à voir dans le brouillard, les êtres qui ne se seront jamais laissé détourner de leur mission, de leur objectif, de ce qu'ils ressentent profondément dans leur cœur.

Vous vivez une période de grandes, très grandes manipulations : manipulation des consciences, pollution psychique à haut niveau, et également empoisonnement du corps à haut niveau.

Moi et beaucoup de ceux qui travaillent avec moi avons besoin des êtres qui restent purs, qui ne se laissent pas emporter par le courant matérialiste poussé à l'extrême".

Elle me dit :

"J'ai vécu très humblement, pauvrement même par rapport au regard extérieur. Vivre dans une cabane avec mon handicap était très difficile pour le regard extérieur. Mais comme ma vision intérieure était développée d'une façon très importante, je pouvais voir bien au-delà de la vision humaine. J'avais la capacité de sortir très facilement de mon corps, mais toujours pour aider le monde, mes frères et mes sœurs.

Aujourd'hui, je m'adresse à vous parce que je souhaiterais que vous compreniez à quel point vous êtes importants pour le plan divin, importants au niveau de votre pureté, de votre engagement et de vos comportements.

Bien sûr, et cela vous sera pardonné, vous aurez des moments de fatigue, des grands moments de doute, des moments de remise en question. Élevez-vous au-delà des plaisirs humains, restez purs, ne vous laissez pas engloutir dans les plaisirs bassement matériels ! Certes, pour vous changer les idées, vous pouvez faire un beau voyage ou avoir la joie de vous réunir entre amis ! Tout cela participe à votre bonheur, mais ne vous laissez pas engloutir dans tout ce qui est falsifié, tout ce que, d'une certaine manière, on vous oblige à faire.

Regardez l'engouement actuel pour tous les sports qui sont si importants dans les grands pays ! C'est le plus grand engourdissement de la conscience qui puisse avoir lieu à l'échelle mondiale ! Les êtres ne pensent plus par eux-mêmes, ils sont entraînés, engloutis dans ces jeux factices essentiellement portés par le pouvoir de l'argent.

Les êtres se laissent emporter par des plaisirs éphémères, par des joies primaires. Bien sûr, vous pouvez aimer le sport, mais pas le sport tel qu'il est pratiqué dans votre société pour endormir encore plus votre conscience, pour vous empêcher de rêver et de projeter devant vous l'avenir que vous souhaitez, et même pour vous empêcher de développer l'Amour en vous. Regardez la violence qui se manifeste dans les stades ! C'est ça le plaisir ?

Ce que j'aimerais vous dire, chers enfants, c'est qu'il est souhaitable que vous appreniez à penser par vous-mêmes, que vous ne croyiez pas tout ce qu'on veut bien vous faire entendre, et que vous arriviez à être vous-mêmes.

De nombreux peuples se sont laissé totalement avaler par les civilisations. Certains peuples, dont celui dont je faisais partie, ont toutefois gardé la pureté de leur cœur et celle de leur âme ; ces peuples seront précieux pour construire le nouveau monde.

Vous ne serez pas tout seuls pour construire le nouveau monde ! Des humains auront basculé dans une conscience totalement différente et, si vous continuez sur ce chemin avec courage, volonté et Amour, vous serez de ceux qui basculeront dans cette nouvelle conscience ; vous serez de ceux qui aideront à reconstruire tout ce qui a été détruit, détruit en l'homme, détruit à l'extérieur de l'homme, détruit sur votre si belle planète.

J'ai beaucoup aimé cette planète et j'y viens très souvent. Je l'ai aimée parce qu'elle me parlait au détour de chaque sentier, parce que la nature me parlait. J'étais en harmonie parfaite avec tout ce qui m'entourait, que ce soit avec les oiseaux, les petits animaux des bois, les arbres majestueux, avec tout ce que la nature m'offrait afin que je puisse faire ce que vous appelez des médicaments.

J'avais beaucoup de connaissances. Je suis allée cueillir ces connaissances au-delà de l'humain, je suis également allée les cueillir au-delà de la vie dans laquelle j'étais. Ces connaissances me venaient de très loin !

Le livre qui a transmis tout ce que j'ai énoncé parle de l'époque actuelle, de cette fin de cycle où le phénix s'envolera. D'ailleurs il a commencé à déployer ses ailes, mais son envol est lent, il lui faut du temps ; son envol est fonction de la conscience globale des humains ; c'est elle qui lui donnera l'impulsion définitive pour prendre son envol et, à ce moment-là, tout basculera.

Elle me dit :

Ayez beaucoup de compassion pour tout ce qui se passe en France et sur votre monde ! Ayez beaucoup de compassion pour tous ceux qui perdent la vie, pour tous ceux dont le corps est abîmé, et surtout pour ceux qui perdent des êtres chers car, avec la conscience que vous avez de l'humanité, des relations familiales, de l'Amour sentiment, il vous est toujours extrêmement douloureux de perdre ceux que vous aimez.

J'aimerais cependant vous demander de ne pas rester dans une émotion inférieure au niveau de ce qui se passe, parce qu'à ce moment-là c'est vous qui baissez votre fréquence vibratoire. Il faut avoir de la compassion, envoyer de l'Amour et simplement souhaiter que tous ceux qui sont partis soient accueillis dans la Lumière et dans l'Amour par les êtres qui seront là pour eux.

Partout, dans le monde, il y aura des atrocités. J'avais donné les dates des événements, mais Marie Summer Rain n'a pas eu l'autorisation de les indiquer dans le livre. Je ne vais pas davantage vous les donner, mais je vous dis simplement ceci : il faut plus que jamais être dans l'action de l'Amour !

Vous ne vous rendez pas compte - et pourtant on vous l'a souvent dit - de la force de l'Amour humain, parce qu'il est renforcé par la puissance de la matière et qu'il agit directement sur elle. L'Amour humain peut agir bien au-delà de votre planète, dans le système solaire et encore bien au-delà.

Vous n'avez pas conscience de la puissance d'Amour qui est en vous ! Mais quelle image avez-vous de la vie, surtout à l'époque actuelle, si ce n'est une image de souffrance, de violence et de destruction ? Vous voyez les images qu'on veut bien vous montrer ! Vous montre-t-on des images d'abnégation, de don de soi, de charité humaine et d'Amour ? Il y a beaucoup d'êtres qui travaillent dans ce sens mais on ne vous le montre jamais ou que très rarement !

Pour pervertir les consciences, pour les empêcher de s'élever dans la Lumière, (cette petite lumière intérieure qui éclaire le brouillard dans lequel se trouvent les humains), il est plus facile de leur montrer en permanence les atrocités de votre monde. Ces images font beaucoup baisser leur taux vibratoire et, à ce moment-là, elles deviennent des proies beaucoup plus faciles à manipuler.

Ce que je dis peut être accepté ou non ; ceux qui ne l'acceptent pas n'ont pas encore atteint un niveau de conscience et de compréhension suffisants pour le faire.

Lorsque j'étais sur Terre, j'ai semé beaucoup de petites graines. Je regrette cependant que celle que j'ai beaucoup aimée en tant qu'humaine n'ait pas pu aller jusqu'au bout de la mission qui était la sienne. Pour un humain, il est très difficile d'aller jusqu'au bout de sa mission du fait des pressions, de l'environnement familial et de ce que vous appelez l'argent. Il faut être très fort !

Si je vous dis cela, c'est pour vous encourager à continuer, à ne pas vous laisser distraire par quoi que ce soit, même par les informations qui vous sont données ! Il y a encore et encore tromperie, mais cela pour un destin particulier de l'humanité.

Alors, pourquoi l'univers et les plans de Lumière acceptent-ils tout cela pour cette petite planète Terre ? Pour permettre à tous les habitants, à toutes les consciences, de s'éveiller au travers de la souffrance, de l'injustice, de la violence qui parfois se manifeste également en eux.

Comment ne pas être révoltés quand vous voyez certaines atrocités ? C'est justement à ce moment-là qu'il ne le faut pas ! Ne soyez pas révoltés, vous ne connaissez pas les tenants et les aboutissants du problème ! Soyez dans la compassion et dans l'Amour, envoyez beaucoup de Lumière, c'est votre rôle ! Ne vous laissez pas déstabiliser par la violence et la souffrance !

J'ai vu tout cela et je vois encore beaucoup d'autres choses qui sont en train de se mettre en place sur votre monde. Alors, bien évidemment, je ne vous parle pas que de votre petite France qui, je vous le dis, sera protégée.

Bien sûr, quatre-vingt, cent ou mille vies enlevées d'une façon atroce est très perturbant pour vous, mais par rapport au destin du monde, par rapport même à votre destin et à votre remontée vers la Lumière, ce n'est rien !

Moi, No Eyes, je vous dis que la vie est à l'infini, que vous n'êtes que de passage sur ce monde, et que ce passage ne dure que très peu de temps ; pourtant il vous paraît si long et si difficile ! Alors, pour que ce passage ne vous paraisse ni long ni difficile, essayez de voir votre vie et la vie différemment, de la considérer comme une magnifique expérience qui vous permet de comprendre et surtout d'accepter afin de pouvoir grandir dans l'Amour.

Mon peuple a souffert et souffre encore. Beaucoup d'autres peuples souffrent du fait que des êtres humains sont dirigés par des entités n'appartenant pas à votre galaxie. Les êtres humains doivent se réveiller ! Actuellement, nous sommes très nombreux sur Terre pour une mission temporaire ou plus longue. Nous agissons en aidant tous ceux qui veulent s'éveiller, garder leur cœur pur et leur intégrité.

Nous apportons également de l'aide à la Lumière, puisque nous sommes dans la Lumière et que nous travaillons pour la Lumière. Nous aidons ceux qui doivent l'être en vue de leur transformation et de leur ascension.

Mais que signifie l'ascension ? L'ascension est une montée vibratoire importante pour pouvoir accéder à une autre réalité de la vie, à une autre réalité de vous-mêmes, à une autre réalité de votre Mère la Terre.

Votre Mère la Terre protégera les peuples et les êtres qui croient en elle ! Votre Mère la Terre ressent l'Amour et le respect que vous avez pour elle ! Alors, où que vous soyez, essayez d'être toujours dans l'Amour relationnel, dans l'Amour profond pour celle qui vous donne tout, qui vous a tout donné et qui vous permet d'exister.

Lorsque j'étais sur ce monde, j'aimais tellement la Mère Terre ! J'aimais tellement son Père le Soleil et ses sœurs les étoiles, les planètes du système solaire ! J'aimais tout l'univers ! Si vous aimez la Mère Terre et le Père Soleil, toutes les planètes de votre système solaire et tout l'univers, vous serez en relation vibratoire avec tous ceux vers lesquels se dirigent vos pensées et votre Amour.

Donc, vous arrivez au bout d'une route ! Il vous reste encore quelques pas à faire, mais certains ne passeront pas au travers du mur qui se dresse devant eux. Comment traverser ce mur sans s'y écraser ? Ce sera possible grâce à la petite lumière qui est au plus profond de vous-même, qui non seulement éclaire votre route dans le brouillard mais qui annihilera la matière de ce mur afin que vous puissiez le traverser aisément.

Lorsque vous aurez traversé ce mur, vous vous trouverez dans un autre monde, une autre Mère Terre, un autre vous-même ! Vous nous verrez, nous les œuvrants, nous qui, inlassablement, avons donné notre Amour à l'humanité et l'avons protégée de trop graves catastrophes ou dégradations.

Si nous, Êtres volontaires et pleins d'Amour, n'avions pas été là, votre monde en tant que tel n'existerait plus, votre planète serait morte à la troisième dimension mais serait vivante dans les dimensions supérieures !

Il fallait que cette planète de troisième dimension puisse faire le passage, tout comme vous qui passerez de la troisième dimension aux dimensions supérieures ; ce passage avec votre corps de matière prouve que vous avez sublimé les vibrations de votre matière.

Par l'Amour que vous donnez à votre Mère la Terre, vous sublimez son corps de troisième dimension, celui que vous voyez actuellement, ce qui lui permettra de passer sans encombre avec vous, avec ceux qui auront fait le travail nécessaire, sur un plan supérieur et de conscience et même au niveau de la matière.

Ayez confiance en vous, ayez confiance en

ce que vous êtes dans ce monde, ayez confiance dans l'aide que vous apportez à vos frères, ayez confiance dans votre mission, même si parfois elle vous semble pénible, même si parfois vous n'atteignez pas les objectifs que vous vous êtes fixés !

Les objectifs que vous vous fixez se réalisent quand c'est le moment ! Vous, humains, êtes assez impatients, ce que je peux comprendre ; vous avez l'impression que vous n'aurez jamais le temps de faire ou de vivre ce que vous souhaitez, mais votre temps et votre vie vous sont donnés en fonction du choix de tout ce que vous avez à apprendre et du choix de vos expériences.

Il ne faut donc pas vous impatienter parce que tout est juste : le temps qui vous est imparti comme les expériences que vous devez vivre et, surtout, l'Amour que vous avez la capacité de faire grandir de plus en plus en vous.

Enfants de la Terre, beaucoup de choses vont s'accélérer sur votre planète, les événements occasionnés par la Mère Terre, c'est-à-dire ce que vous pouvez appeler des catastrophes, la folie des pauvres humains qui n'ont pas conscience de ce qu'ils font, et même les manipulations qui vous entraînent vers des chemins qui ne devraient plus être les vôtres.

Vous pouvez certes utiliser la technologie,

rien n'est mauvais en soi ! Cependant la façon dont vous l'utilisez peut nuire à votre évolution ! Si vous gardez toujours le cœur pur et si vous restez dans l'Amour, votre technologie vous atteindra beaucoup moins ! L'Amour vous fait dépasser la condition humaine à tous les niveaux, il vous met hors de portée de certaines manipulations exercées sur vous, que ce soit par les humains ou par les non-humains. L'Amour est la plus grande protection que les êtres et la vie peuvent avoir ! Plus vous vous aimerez, plus vous aimerez ce qui vous entoure, plus vous recevrez de l'Amour et serez hors de portée de toute nuisance, quelle qu'elle soit.

Prenez bien conscience du miracle permanent de l'Amour ! Prenez bien conscience que, sans Amour, la vie ne peut exister, même sur Terre ! L'Amour demeure même à l'intérieur des êtres humains les plus terribles, mais il est enfoui sous de multiples couches de manipulations et de tromperies. L'Amour demeure en tous les êtres humains !

Tous les êtres humains, je dis bien "humains", ont en eux une immense capacité d'Amour plus ou moins enfouie sous des voiles très épais ! C'est vous, Travailleurs de Lumière, Enfants de l'Univers, qui avez pour mission, en élevant votre propre fréquence vibratoire, en élevant par votre Amour la fréquence vibratoire de tout ce qui vous entoure, qui avez la magnifique mission de transformer le monde, de l'éclairer par votre Amour et votre Lumière !

Maintenant, je vous salue ! J'ai été vraiment très heureuse de communiquer avec vous ! Cela m'a apporté beaucoup de joie ! Parfois je suis parmi vous mais je ne m'exprime pas parce que ce n'est pas le moment. Je vous écoute, je vous vois, je vous ressens, je lis en vous.

Par votre Amour, aidez le phénix à s'envoler ! Donnez-lui la force de s'élever très haut dans les cieux afin que la transformation du monde puisse s'accomplir !

Je vous bénis au nom de tous mes frères qui appartiennent à mon peuple et qui travaillent avec moi, humainement ou non humainement ! Je vous bénis au nom de tous nos Frères Galactiques que je connais parfaitement et avec qui nous travaillons ! Je vous bénis parce que je vous aime !" (Monique Mathieu, « Aidez le Phénix à s'envoler ! » http://ducielalaterre.org)

La fonction contemplative s'inscrit toujours dans une époque. Notre siècle à choisi de répéter en continu, une infime partie des informations du monde. Le neurologue Lionel Naccache a alerté sur les dangers de cette mise en boucle du cerveau et de la conscience en expliquant comment « les contenus stéréotypés et appauvris de ces consciences distraites créent une société inconsciente proche de la crise d'épilepsie collective ». Le jour du lancement de la chaîne d'information continue *France-Info*, un électricien m'a dit : « Ils lancent encore une chaîne d'information continue pour nous abrutir, mais le petit peuple le sait, il n'allume sa télévision que pour être accompagné, pas pour l'écouter ». Toutes les consciences d'une manière ou d'une autre, le savent, les dominantes et les dominées. En ouvrant d'autres fréquences, la dimension contemplative suspend cette crise d'épilepsie collective.

1. NOTRE-DAME-DE-LA-FIN-DES-TERRES

— La faiblesse de la Raison c'est d'avoir ignoré la contemplation, ce talent de la conscience suprasensible. Depuis Dieu dort et regarde les flots baigner la terre.

Sur le parvis de la basilique elle se présenta :

— Je suis la médiumnité. Une solitude heureuse. Et vous ?

— Colombe.

— Cybèle.

— Nous faisons l'inventaire des espaces sacrés. Des campanes avec leur marteau pour tinter les heures et des tintorelles, petites cloches accordées entre elles. De Tinmel à Notre-Dame-de-la-fin-des-Terres. Les espaces sacrés ont un rayonnement particulier. Ils peuvent rassembler et apaiser les hommes pendant quatre mille ans. Certains s'emparent de ce mystère et font œuvre politique en opérant des transferts de sacralité mais l'œuvre de ces transferts dure tout au plus vingt ans.

— C'est pour cela que nous interrogeons ceux qui vont et viennent et traversent les murs et les pays sans dire mot. Esprits tantôt silencieux avec des bouquets de fleurs sauvages, tantôt volubiles, conteurs assidus de leur histoire. Ils nous ont demandé combien d'entre nous pensent à léguer de la lumière.

— Combien ?

— Un tiers d'entre vous le font, nous ont-ils dit.

Cybèle ajouta :

— L'archevêque de Bordeaux Pey Berland eût cette hardiesse. Il légua par testament en date du 5 octobre 1446, la somme nécessaire à l'entretien jour et nuit d'une lampe devant l'autel de la Vierge de Notre-Dame-de-la-Fin-des-Terres. Et toi ? demanda-t-elle à la médiumnité : Es-tu un rayon de clarté, une vie secrète ou une capacité latente des vivants ?

— Je suis celle qui fait cheminer les consciences. La volonté humaine peut créer des espaces sacrés mais c'est autre chose qui les fait rayonner.

Cette étreinte hardie avec l'invisible les rendait heureuses.

— Quelles sont les œuvres humaines qui traversent le temps et nous éblouissent ? Les océans et les cieux ne cessent de les absorber, de les engloutir, c'est la gloutonnerie moqueuse du ciel et de l'océan qui aiment la conscience suprasensible et les espaces bénis.

La médiumnité aimait la précision de leur perception. Percevoir c'est aimer, ajouta-t-elle.

Sur le parvis de l'église il n'y a plus de mendiants. Il n'y a plus de pauvres. Sur le parvis de l'église il n'y a plus d'espaces ensablés, ni d'arbres, ni de pèlerins. Sur le parvis une noria tourne dans le vide sous des haut-parleurs qui s'égosillent pour dire en boucle ce que personne ne souhaite ouïr. Des nacelles festives tournent à vide avec un envol léger qui fatigue. Les bras articulés de la machine ont remplacé les métiers. Faut-il le regretter ? L'élan de vie est ailleurs. Cet objet mécanique pour divertir les promeneurs est incongru. Les machines qui avaient promis de libérer les hommes, interagissent maintenant entre elles pour faire société. L'homme est ailleurs. Il n'a plus que l'au-delà.

Elles traversèrent le parvis, entrèrent dans la basilique pour y allumer une neuvaine et rendre grâce à la vie. Elles faisaient cela depuis toujours. Enfants, leurs cœurs battaient lorsqu'elles s'échappaient pour allumer des bougies et regarder les femmes pieuses. Une pratique de la foi sereine faisait de ces prieuses rayonnantes des échantillons d'amour inconditionnel. Et l'amour de l'invisible ce n'était que cela. L'éclat inépuisable du cœur. C'est ainsi qu'elles étaient devenues immuablement amoureuses des espaces sacrés sans que personne ne leur en ai jamais soufflé mot. Elles cherchaient ce qu'on leur avait supprimé et s'étonnaient que certains aient voulu éteindre pendant cent ans les étoiles dans le ciel avec l'ordre de ne plus les rallumer. Cette quête lumineuse, nul ne peut l'effacer. C'est la vie de l'âme. Elles avaient découvert cette vie de l'âme en se plongeant dans des vieux films soviétiques dans la pénombre du cinéma Cosmos ; une salle propice au recueillement qui disparu du jour au lendemain après la destruction du mur de Berlin. Le public clairsemé quitta cet espace comme d'autres quittent une église. Leur génération, née sans églises cherchaient des itinéraires qui transfigurent le corps et l'âme. Sous quelle forme ? Elles trouvaient leurs *exempla* en dehors des lieux sacrés. Une voix, un témoignage radiophonique remplaçait la vibration des cloches. Elles écoutaient les témoignages de ceux qui ont vécu et pris le temps de retranscrire un événement comme les anciens écoutaient les vêpres. Elles entraient dans les espaces sacrés pour trouver ce qu'elles ne trouvaient plus dehors. Elles les aimaient tous.

Elles s'arrêtèrent un instant. Les sons résonnaient dans la panse de cloches ballotées par un vent que des sylphes turbulents faisaient siffler pour rire. Elles écoutèrent les flots glisser et claquer sous le fauteuil à bascule de la plus âgée des grand-mères qui se balançait en écoutant les mouettes.

Face à la basilique, sur le parvis, elles pensèrent aux pèlerins qui les pieds dans des sacs, accomplissaient des trajets de pénitence de la pointe du Médoc à Saint-Jacques de Compostelle. Il fallait de l'aplomb pour décider de mener à terme des pèlerinages dans ces bardas qui bridaient si audacieusement le périple. La foi ce n'était que cela. Une quête audacieuse qui se construit en bouleversant l'ordre du monde. Dans les manuels d'histoire il ne reste aucune trace de ces gestes pieux qui inversent le regard.

Un ancien leur parla de la ville romaine construite sur l'îlot de Cordouan et de ses forêts ensevelies sous des montagnes de sable englouties par les flots. Les peuples ont oublié ce que pouvait être le monde à l'époque où la terre n'était qu'un seul continent primordial sans frontières, une immense masse nommé Pangée dont le souffle ne cesse de rassembler ou d'éloigner les continents.

En classant la basilique Notre-Dame-de-la-fin-des-Terres, l'Unesco a exigé un parvis qui donne de la visibilité au monument mais n'a rien exigé pour sauver la localité des flots. Le progrès n'assiste ni la nature, ni les vivants. Il encourage le spectacle.

Ici, sur le parvis lustré, cimenté, sans sable ni arbres, la sensorialité a été volontairement asséchée. Les laudes sonnent mais Dieu dort et personne ne souhaite le réveiller. Désormais, ceux qui prient écoutent d'autres voix.

2. NAISSANCES

Les matines. Une heure nocturne faite de silence et de rayons couchés derrière l'horizon. Elles écoutaient le tintement des heures. Cybèle repensait à la question posée. Qui est Alessandro ? Elle avait sursauté. Alessandro ? Le fils d'Abel. Alessandro son cousin avait sept ans lorsque son père décéda. Abel voulait lui parler et qu'elle parle avec son fils. Elle repensa à la naissance d'Alessandro. Au rêve de sa mère. Petite fille brune avec de grands yeux noirs, elle n'en avait qu'un, avoir un fils avec des yeux bleus. Elle avait toujours gardé ce rêve un peu léger et insensé malgré l'ascendance italienne qui avait donné à tous les siens de grands yeux noirs. La puissance des rêves est éblouissante lorsqu'ils arrivent à s'imposer aux lois de la génétique. À trente-cinq ans, Ornella donna naissance à son fils unique Alessandro qui, à cinq ans, avec ses yeux bleus, charmait les adultes et les fillettes de son âge.

France, une amie de jeunesse, avait vu s'accomplir un rêve similaire. Cette femme chaleureuse à la silhouette courte, rêvait d'avoir une très grande fille. Hélène naquit et grandit en accomplissant sans le savoir et contre toute logique le rêve de sa mère. Cette rousse élancée devançait toutes les filles de son âge d'une trentaine de centimètres.

En 1994, le directeur de la maternité de Port-Royal lui avait fait part de plusieurs histoires de nouveau-nés. Il avait constaté qu'il n'était pas rare de voir les rêves maternels se réaliser mais à la fin du 20e siècle, la médecine s'interdisait de réfléchir aux conséquences de cette transmission imaginale impensable pour l'Académie. L'empreinte laissée par les refus de paternité était plus couramment admise. Les pleurs sont plus faciles à appréhender que les rêves. Depuis lors, les liens entre la biologie et l'imaginal sont devenus concevables. Nos cellules et les étoiles vibrent sur la même portée, à l'unisson comme les cordes d'un violon.

Les naissances renversent souvent la temporalité de la troisième dimension. Parfois elles poussent vers l'avant les aiguilles de nos horloges puis les font rebrousser chemin. Le temps de l'horloge se déplace avant et après la naissance en menant à terme des récits présentés, irrévocables. Velvet avait prévenu sa future mère longtemps à l'avance alors que celle-ci ne l'attendait pas. Elle se présenta au cours d'un rêve six mois avant sa conception, avec une couverture bleue, assise à côté de sa sœur aînée vêtue de rose. Le rêve n'était pas symbolique. Les rêves symboliques sont comme des romans, ils composent des histoires avec des bribes de scènes disparates que les dormeurs inexpérimentés tentent de déchiffrer en consultant d'étranges dictionnaires. Ce rêve avait la précision de tous les rêves prémonitoires. Les rêves prémonitoires ont une syntaxe d'une clarté incontestable. L'autre dimension ne recourt jamais à des fictions inexpliquées, elle s'exprime très rarement, mais lorsqu'elle transmet du contenu nous le comprenons instantanément et ne l'oublions jamais.

Velvet naquit et ne tarda pas à nous parler de maternité et de naissances. A trois ans elle affirmait avec conviction vouloir six enfants mais donnait encore peu d'explications. À neuf ans, elle exposait avec enthousiasme et précision différents scénarios. Si sa santé ou les circonstances de la vie l'empêchaient de porter six enfants, elle les adopterait. Ce qu'il fallait c'était atteindre le chiffre six : « Si je ne peux en porter que cinq, j'en adopterai un et si je ne peux en porter que deux, j'en adopterai quatre », expliquait-elle. Dans son cas l'adoption ne servait pas une lignée rêvée de descendants exceptionnels ou métissés, l'adoption accomplissait son rôle le plus ancestral, celui de compenser un manque éventuel de naissances naturelles.

Ces petites filles qui ont peu de temps après la naissance une idée bien précise sur leur désir de maternité, ont accès à leur conscience suprasensible. C'est le programme de l'âme qui commande et qui leur donne cette capacité à percevoir et à prévoir. La force d'âme émane de cette capacité à lire dès le plus jeune âge leur programme. Cybèle avait décidé avec la même conviction et au même âge qu'elle n'aurait pas d'enfants. Elle répéta pendant toute son enfance et son adolescence qu'elle en aurait zéro. Les années ne l'avaient jamais fait changer d'avis. Pour Cybèle, les naissances étaient un objet littéraire, une inconséquence des hommes qui n'utilisent que l'addition sans jamais tenter de concevoir la vie nuancée par la soustraction. La soustraction et la décroissance l'éblouissaient. La décroissance protégeait l'intérêt commun.

Cybèle aimait sa vie fluide, délacée, translucide avec un corps traversé par les espaces, les flots, les trains, les forêts. Elle avait dû s'attacher à eux comme on s'attache à un enfant et apprendre à s'en détacher, à en appréhender les limites, l'éloignement, les frontières, l'immensité, la faiblesse et la force des trajectoires et les césures des trajets, leur cacophonie, leur sérénité et leur vitalité. Les lieux n'engendraient pas de réduplication, ils étaient comme l'elfe de la montagne, des rayons de la conscience.

Cybèle avait adoré les huit récits de Marie Darrieussecq, Agnès Desarthe, Hélèna Villovitch, Camille Laurens, Geneviève Brisac, Catherine Cusset, Michèle Fitoussi avec une postface de René Frydman rassemblés dans un livre de poche intitulé Naissances : Récits. Les naissances c'était dans une autre vie. Rien de tout cela ne lui manquait mais Abel l'avait émerveillée lorsqu'il lui avait dit : « J'ai été ton fils et je te remercie en t'accompagnant depuis où je suis ». Les femmes n'avaient pas compris l'immense beauté des maternités immatérielles.

Elle avait souvent écouté la médiumnité transmettre des histoires d'enfants accidentés ou jamais nés qui venaient donner de l'amour à leurs mères. Gabrielle avait écouté son fils qui était venu lui dire : « si j'étais né, tu aurais eu un garçon, mais mon destin n'était pas de naître, je suis heureux là où je suis et je t'aime ». En faisant œuvre d'amour inconditionnel, ces enfants travaillaient avec plus d'efficacité que les vivants à l'amour du monde. Le travail philosophique désintéressé d'outre-tombe métamorphose la conscience des vivants.

Dix-sept ans s'étaient écoulés depuis sa première séance avec Abel. Elle était allée voir Nuna sans rien savoir d'elle. Nuna était née au Pérou. Elle venait d'arriver en Espagne et s'était installée dans l'un des quartiers les plus désargentés de la périphérie de Barcelone. Elle n'annonçait pas ses consultations, n'avait pas de site et n'appartenait à aucun réseau mais ses clients parlaient avec émerveillement de cette excellente adresse. Lorsque Cybèle appela pour la première fois, elle n'attendit que quelques jours pour avoir un rendez-vous. Elle ne savait pas comment Nuna travaillait, et elle ne lui demanda rien. Nuna ne lui demanda rien non plus. En entrant dans sa salle de consultation, Cybèle regarda les murs blancs et s'assit. À peine installée Nuna l'interrogea : « Ici, nous avons Abel, il me dit qu'il ne voulait pas mourir, qu'il a fait tout son possible pour continuer à vivre. Le connaissez-vous ? »

C'était les premières nouvelles qu'on lui donnait d'Abel. Nuna n'avait lu ni désirs ni souvenirs. Abel était probablement la dernière personne à laquelle elle pensait alors. Mais comment ne pas le reconnaître immédiatement ? Sa lutte jusqu'au dernier instant pour ne pas mourir avait été héroïque. Abel lui parla longuement de sa fille Cristina et demanda à Cybèle de transmettre un message de gratitude à son aînée qui l'avait tant aidé pendant ses dernières semaines de vie. A la fin de l'échange, Nuna avait conclu : « maintenant on lui a demandé de t'aider et de te guider. Lui aurait voulu aider sa fille Cristina, mais il ne peut pas le faire, c'est toi qu'il doit guider » Cybèle apprit ce jour-là à quel point nous pouvons parfois mourir trop tôt, bien avant de vouloir mourir, et à quel point l'autre dimension peut nous charger de tâches spécifiques alors que notre désir est tout autre.

Elles parlèrent d'Abel, de sa générosité et de son courage. Abel avait un prestige naturel, c'était un parrain généreux et charismatique. Enfant, il pointait du doigt le château qui se dressait sur une hauteur du village et demandait à sa mère pourquoi il n'était pas né comte. À cinq ans il voulait déjà avoir une vie splendide. À seize ans, il était parti en Afrique pour créer une usine de stylos-billes. A vingt-cinq ans il avait accédé à un poste de direction à l'ONU à Genève avant de devenir promoteur immobilier et d'ouvrir des restaurants sur la côte méditerranéenne. Il traversait les mers avec un voilier qu'il avait appris à manier sur le tard et les routes européennes avec une Maserati rouge à 200 kilomètres par heure lorsque la maladie l'empêchait de marcher. Il ne craignait rien. Cybèle était encore et pour toujours immensément reconnaissante à Abel d'être venu lui donner ce premier message si détaillé et non moins reconnaissante pour les communications qui suivirent. Dix ans plus tard, les messages d'Abel avaient évolués. Il n'y avait plus aucune déception mais beaucoup d'allégresse consolatrice. Il lui parla de sa propre vie et de celle de Cybèle.

Elle le remercia pendant longtemps du fond du cœur, parce que ce sont les esprits qui décident de nous contacter et ce premier contact si précis et sans équivoque fut une première étape très importante. Elle apprit beaucoup de cette première consultation dans le quartier modeste de Sant Andreu Comtal. Elle apprit que le mur entre la Terre et les autres dimensions serait terriblement opaque si les esprits ne faisaient pas l'effort de venir nous parler.

Les années passèrent et la clientèle de Nuna n'avait cessé de grandir. Lorsque Cosima voulu aller la voir, le temps de consultation avait été réduit de moitié et le temps d'attente pour avoir un rendez-vous était de plus d'un an. Nuna lui expliqua que les consciences-que-nous-ne-connaissons-pas lui avaient demandé de réduire de moitié le temps de ses consultations pour diviser par deux le temps d'attente et pouvoir réorganiser les rendez-vous d'une année sur six mois. Elle l'avait fait mais en 2010, il y avait de nouveau un an d'attente. Et si une longue liste d'attente n'est pas un facteur déterminant d'évaluation qualitative, un agenda complet sur douze mois, exprimait assurément le désir qu'ont de nombreuses personnes de communiquer avec d'autres dimensions. Des dimensions plus fraternelles, plus lumineuses, libres et sereines.

Aujourd'hui longtemps après Nuna qu'elle n'avait plus revue, Cybèle avait écouté Abel. Comment ne pas l'écouter ? Les années étaient passées, les circonstances avaient changé mais Abel était toujours là. L'humanité parle avec les esprits depuis qu'elle est née et ces conversations avec l'invisible délivrent, réparent et guérissent des liens mal faits, trop faibles ou trop forts qui enchevêtrent le destin. Le contenu des communications n'était jamais le même mais l'esprit savait se faire immédiatement reconnaître.

—Les médiums assurent qu'un esprit ne répète jamais ce qu'il a dit.

Cybèle le savait et pensait que ceci devrait nous interroger :

—C'est une véritable question à laquelle nous devrions tenter de répondre. Pourquoi les esprits ne se répètent-ils jamais malgré le temps qui passe, alors que la tendance naturelle du cerveau humain contraint les vivants à la répétition ? Une réponse à cette question nous conduirait à mieux comprendre le fonctionnement des dimensions invisibles.

3. ROSE-MOUSSE

C'est dimanche. L'église est pleine. Cosima marche avec l'envie de découvrir Dieu autrement. Elle regarde la jeune femme fermer la porte de la villa numéro 3. La villa numéro 3 n'a pas de nom. Aucune trace de lettres peintes ou ciselées dans la pierre. Ici, les villas sans nom sont rares. Villa le Bercail, le Sourire, Rieuse, Coccinelle, les Violettes, Faust, Ophélia, Beethoven, Valcarlos, Marie-Christine, Les Glycines, Les Roses, Les Olives, Thermidor, Sable d'Or, Solitude, Ermitage, Elmir, L'Étape, Mon Désir, Rayon d'Or, Frou-Frou, La Favorite, Mer Bleue, Rêve de Flots, Brin de Mousse, Le Bocage, Balsamique, Laennec, Sainte Veronique, les Bleuets, Vésuna, Les Frênes, les Genêts, La Dune, Falgoux, Le Cid, La Brise, Guillaume Tell, La Ramure, Les Buissonnets, Lou Tustet, Lutetia, l'Escale, les Rosiers, Clair-Jean, Trianon, Saint-Christophe, Christiane, Ker Anna, Villa Blanche Marguerite, Le Gui, Les Hirondelles, Bagatelle, Poséidon, Eureka,

Occitane, Romarin, Lakmé, Diogène, Salomé, l'Oustal, les 4 sœurs, les 5 filles, Jeanne d'Arc, Fémina, Le Muguet, A mi-côte, le Roi d'Ys, la Huchette, Projetée, Pif-paf, Mar y Selva, l'Oubli, le Retour, Ma Coquette, Carpe Diem, Florecita, Bulle d'Azur, Diami, Les Chênes Verts, Les Mésanges, L'Émeraude, Pointe d'Asperge, Escarpolette, les Sauges, Le Virefeuille, Les Farfadets, L'Imprévu, Cordouan, Josinette ont toutes un nom qui fixe une histoire souvent heureuse, légère. Seules quelques villas osent évoquer une existence tourmentée. Les pensées tristes sont contagieuses est-ce pour cela que toutes les tourmentées sont voisines ? Pensée d'Automne, Fleur d'Exil, les Chimères, Rose neige, les Grillons, Rose-Mousse, les Algues, Cendrillon sont côte à côte. Les rigueurs de l'existence se sont ici succédé, de maison en maison jusqu'à la dernière baptisée Diamant. La transparence de cette pierre précieuse désagrège les spectres.

Cosima parcourt encore d'autres rues. Elle aurait appelé sa villa, La Prière, L'Intercession, Bénédiction ou l'Angélus en pensant au son des cloches qu'écoutaient en silence les paysans peints par Millet. Le timbre du battant sur les panses d'airain donne de l'élan. L'Angélus de Millet n'était pas comme le voulait Gambetta, un modèle pour encourager le paysan à chausser les bottes de la République. A les chausser docilement le dos courbé. L'Angélus c'était, il a encore cent ans, la première prière du matin lorsque les hommes et les femmes qui la répétaient espéraient que quelqu'un d'autre qu'eux-mêmes pourrait les guider.

La propriétaire de la villa numéro 3 ne donne pas à lire d'histoire. De son histoire à elle, elle ne donne à voir qu'une couleur. Le crème. Une couleur sans certitudes. Les volets crème sont aussi rares que les villas débaptisées. C'est une beauté ancienne. Les voisins comme la plupart des Modernes aiment le blanc. Leurs volets ont la couleur du lait. Un rayonnement lisse sans surprises ni marques de vieillesse. A l'inverse, le crème accepte les vertus du temps qui passe. Cosima regarde la propriétaire de la villa numéro 3 rentrer. Une jupe taillée dans une cotonnade rouge et un chemisier parsemé de violettes. Elle voudrait lui demander pourquoi elle a débaptisé sa villa. Pendant qu'elle range son vélo noir, Cosima déchiffre le prénom sur la boîte à lettres « Geneviève » puis tente de lire le patronyme. Mais l'histoire familiale est illisible. Cosima donne raison à Geneviève. Les patronymes humains retiennent trop d'histoires, elle les effacerait tous. Nommer une villa est un acte plus libre et moins déterminant que transmettre et imposer un patronyme à un enfant. La Villa numéro 3 a pu être débaptisée sans histoires. Elle ne regrette pas son nom. Elle vit sans nom. Elle saisit simplement le passant avec de la couleur. Une couleur rare qui nous fait penser aux histoires et aux valeurs véhiculées par la couleur crème. Le patronyme humain oblige l'enfant à assumer une lignée. La loi devrait protéger les enfants de ce fardeau or depuis que les siècles n'ont cessé de perfectionner leur capacité à ne plus rien effacer, nous chargeons les jeunes et les âgés de bagages et de tourments dont ils auraient pu se passer. Geneviève aurait pu s'appeler Crème-Éméraldine ou Rose-Mousse. Un nom librement choisit pour la libérer de projections anciennes.

4.   LES BANCS BLEUS POUR PARLER AUX MORTS

Des collection de textiles asiatiques, des robes de mandarins, des vêtements de marins, des plastrons chinois incrustés de métal, des costumes de théâtre japonais, des kimonos en écaille de poisson et d'autres en fibre d'orme, des parures, bracelets, colliers, boucles d'oreilles, un paysage de fin d'hiver, un bouddha de médecine en fonte allongé tenant dans une main un bol pour le nectar de guérison et dans l'autre une fleur de Mirobolant, un condensé de vertus médicinales de la pharmacopée tibétaine, des pierres semi-précieuses rangées en cercle, des instruments d'acuponcture en vrac, de vieilles perles, des cuillères, des mocassins, des bottes, de la plumasserie, des jonques décorées, des maquettes de maisons traditionnelles océaniennes, une collection de statuettes précolombiennes. Le professeur qui les accompagne précise : « Nous ne pouvons plus faire travailler les élèves sur les collections parce que les débouchés sont quasi inexistants, nous leur faisons faire du travail de terrain. »

Cette visite dans les caves du musée ethnographique de l'Université de Bordeaux est un retour en arrière, un moment éblouissant. Elles revoient en accéléré les heures passées dans les musées à prendre des notes sur des objets hétéroclites. C'était l'ère des objets. Un temps enseveli par l'ère digitale qui leur avait fait oublier le rayonnement des objets. Leur présence est pourtant grande, comme des empereurs dans leurs palais. Les photographies ne peuvent pas remplacer leur compagnie. Depuis, les vieux objets dorment sur un monde bidimensionnel fait d'images que l'on peut froisser. Le monde en a acquis la texture, une trame passagère, légère. Elles esquissent et crayonnent cet alignement de vieilles perles et de marionnettes chinoises en bois qui ne peuvent être froissées. Ces collections périssables peuvent brûler ou disparaître mais leur disparition sera probablement plus lente et empathique, moins automatique. Le papier se froisse sans arrière pensée, c'est un contemporain des bulldozers, des expropriations expéditives, des abattoirs industriels et des balles tirées à bout portant. Depuis que les images gèrent les vies humaines, nos vies sont devenues des feuilles jonchées de mémoires instantanées à chiffonner. Rien de plus. Notre trame vitale a changé. Cette avancée dans l'immatériel est aussi imperceptible que l'évolution des tombes en Mongolie où les anciens posaient des bancs bleus dans les cimetières pour que les passants puissent s'asseoir et parler aux morts. Dans les années 1980, des soleils et des étoiles apparurent sur les stèles. A cette date, Dieu céda sa place aux astres. Les constellations commencèrent à rayonner dans des cimetières composés de mottes de terre. Aujourd'hui, les grilles en fer forgé qui protégeaient les tombes de la période soviétique ont disparu. Trop coûteuses. Le progrès a désargenté les vivants. L'emplacement de la sépulture est désormais marqué par un cadre métallique coloré posé à même le sol ou par de petits monticules de pierres. Mais peut-on parler à des restes ensevelis à même la terre ou sous des tas de pierres ? Un nombre croissant de villageois pense qu'il est insensé de parler aux morts. Ils ont supprimé les bancs bleus.

Mönkh-Erdene leur raconte qu'il aurait fallu conserver l'habitude de ces bancs bleus, comme les bancs dans les églises. Il faudrait considérer la valeur contemplative et la rareté de ces objets qui permettaient aux hommes et aux femmes de s'arrêter un instant, de rencontrer d'autres passants, de nouer une conversation. Les bancs, et bien davantage encore quand ils sont peints en bleu, encouragent l'invention du monde. L'image ne permet pas de réinventer le monde, elle ne fait que le représenter, le mimer en reproduisant avec toujours plus d'automatismes et de rapidité, sa banalité.

Lorsque la civilisation européenne posait un regard émerveillé sur des rivages lointains et emballait des objets dans des caisses en bois pour traverser les mers, elle le faisait avec le désir de sauvegarder des échantillons de patrimoines qu'elle opposait au projet des Modernes. Aujourd'hui, elle aligne les images d'une mondialisation colorée en réduisant la vie à une bi-dimensionnalité mortelle. Celle de Narcisse. Vivre ou se représenter. Nous avons vécu mais nous pourrions bientôt n'être plus qu'en représentation perpétuelle en allant et venant du théâtre au stade. C'est cela que leur chuchotait les perles vieillies aux couleurs fanées dont les pupilles anciennes observaient la succession des croyances politiques. Ces objets anciens leur chuchotaient la manière dont les européens ont nié les savoirs des cultures autochtones. Ces savoirs n'étaient ni simples ni immuables, ils détenaient une connaissance dynamique et complexe que nous n'avons su ni lire ni conserver, à commencer par la sobriété de l'oraison.

Elles demandèrent à Mönkh-Erdene si les fantômes et les âmes errantes prient ?

— La prière n'appartient probablement qu'aux vivants. Elle exprime le désir d'une responsabilité collective. La prière a des fonctions à la fois séculières et religieuses. Son essence poétique permet de dynamiser des actifs communs. Le groupe de prière est un réseau social, une fraternité, une source de solidarité physique, affective et psychique. Aucune autre activité n'a réussi à remplacer cette mise en commun désintéressée. Si l'activité contemplative était inutile, le cerveau ne lui aurait pas accordé sa propre aire cérébrale. La pratique contemplative est avant tout un outil du collectif. Une quête ritualisée de clarté et d'amour inconditionnel. Ce n'est pas un outil religieux mais un outil d'empathie, avec l'existence. Mais face aux nouvelles exigences des cheminements individuels, nous omettons de penser l'évolution collective et nous confondons la gestion des masses et le totalitarisme des mégalopoles avec les fondements du cheminement collectif. Le cheminement collectif n'est pas cette masse bruyante formatée par des informations répétées en boucle. Le cheminement collectif est une prise de responsabilité commune qui se fait avec des consciences en accordance, dans le silence et l'empathie.

L'heure est venue de tenter une véritable oraison collective pour construire de nouveaux mécanismes de solidarité. La prière est nécessaire parce que les mécanismes de solidarité ne pourront pas exister dans la matière si nous ne les inscrivons pas aussi dans les dimensions éthériques. En éteignant les lumières du ciel, l'évolution du siècle à mis en pièce le collectif et l'accordance des consciences. La vie ici-bas est le reflet de notre imaginal. Sans oraison collective, les mécanismes de solidarité et d'empathie terrestres finiront par se disloquer.

Les Nouveaux Mouvements Religieux ont souvent cru pouvoir éviter la vieillesse et la maladie en méditant. Nous n'évitons rien. Mais pendant que nous prions, nous créons la maillure d'un réseau plus heureux, fraternel et perspicace. Elles ne voulaient pas décrire un futur qui n'appartient qu'à ceux qui le vivront mais elles souhaitaient dégager une constante qui appartient à tous les temps, celle de l'oraison collégiale où des communautés travaillent ensemble des objectifs réels.

La fonction des lieux de prière est

d'héberger et d'offrir aux vivants et aux morts cette conscience de l'âme synchrone et prospective telle que la concevait le philosophe Maurice Blondel. Une pensée synthétique et prospective capable de se mouvoir dans le divers, dans le multiple en regardant vers l'avenir ce qui est à naître. Le jour où nous comprendrons que le talent contemplatif n'est pas un composé de croyances, mais une quête d'accordances, nous progresserons.

5.   FRANCK

Cosima écoutait le chauffeur de taxi qui s'était risqué à lui parler de fantômes alors qu'ils atteignaient la longue allée arborée qui menait à Findlay College.

— J'adore la maison que j'habite. C'est un cottage du dix-septième siècle. Nous y vivons avec ma femme depuis de très nombreuses années avec un fantôme qui déambule à sa guise dans toutes les pièces. Nous avons toujours aimé la présence de ce vieux spectre. C'est une vieille femme, elle ne nous a jamais causé la moindre inquiétude mais,-continua-t-il en prenant un ton inquiet- la semaine dernière elle nous a vraiment fait peur ! Nous étions partis faire des courses et en rentrant nous avons trouvé une bougie allumée. Or nous ne nous absentons jamais en laissant des bougies allumées et nous n'avons surtout jamais voulu allumer ces vieilles bougies décoratives posées sur une étagère du séjour.

— N'avez-vous jamais éprouvé le

besoin d'enquêter pour en savoir un peu plus sur son identité ?

— Non

— Ne lui avez-vous jamais demandé ce qu'elle attend ou espère ?

— Non

— L'avez-vous interrogé sur son état animique et sur la raison qui lui impose de rester prisonnière d'une maison qui n'est plus la sienne ?

— Non, parce que nous sommes heureux qu'elle soit là !

Le couple hébergeait avec bonheur cet esprit féminin, avec pour seule inquiétude que cet esprit dépossédé puisse incendier la maison qu'ils aimaient. Rien d'autre ne les inquiétait.

Cosima descendit du taxi et rejoignit le secrétariat niché dans un décor victorien. Arthur Findlay College est un endroit magnifique, simple et universel. La propriété construite en 1871 et connue sous le nom de Stansted Hall, fut jusqu'en 1964 la demeure de l'entrepreneur écossais Arthur Findlay. Après avoir fait fortune, ce passionné de spiritisme et de religions comparées, réorganisateur de la Croix Rouge, médaillé de l'Empire britannique, comptable, agent de change, magistrat, fondateur de plusieurs institutions dédiées à la recherche psychique, avait mis à disposition de son vivant une partie des bâtiments.

À sa mort, il légua à l'Union Spirite le domaine avec plusieurs dizaines d'hectares de terres en fermage. Les revenus agricoles devaient servir à financer l'entretien de cet ensemble situé à cinq kilomètres de l'aéroport de Stansted. Le légataire avait tout prévu sauf le refus des dispositions testamentaires par ses enfants adoptifs qui menacèrent d'intenter un procès pour récupérer les terres. L'Union Spirite décida alors à l'unanimité d'éviter une situation conflictuelle autour du collège et céda aux requérants les terres revendiquées. La décision de renoncer aux fermages prévus pour le maintien et la rénovation des bâtiments posa rapidement des problèmes de rentabilité. Mais, l'excellente réputation d'Arthur Findlay College pendant cinq décennies, permis peu à peu de surmonter les difficultés financières et d'équilibrer les comptes. En 2010, l'Union Spirite put racheter une part des terres cédées afin de protéger l'environnement immédiat du collège à la sortie de ce village londonien très convoité. Le travail de l'Union Spirite a perduré dans le temps et fait de l'école une source de revenus pour la population de Stansted. Les chauffeurs de taxi en font partie.

À Stansted Hall, le monde des esprits n'a rien d'énigmatique. L'enseignement y est pragmatique et professionnel. L'école reçoit des élèves d'horizons socio-culturels et géographiques très éclectiques. Ce jour-là, Cosima dîna dans le réfectoire avec un policier islandais à la retraite, une conductrice d'ambulances australienne, le directeur d'une grande entreprise de déménagement de Beijing, la fille d'un ambassadeur néerlandais, une économiste danoise, la gérante d'une entreprise d'électricité de Nouvelle-Zélande, la masseuse du Sultan de Brunei, deux professeurs de Sydney et quantité de personnes simples et très talentueuses du nord de l'Angleterre et d'Ecosse. Ceux qui s'adonnent aux pratiques contemplatives rencontrent bien moins de frontières que dans la plupart des autres sphères d'activité humaine. La médiumnité déconstruit les jugements et les préjugés. C'est cela qui l'éblouissait.

Les médiums sont des journalistes de l'autre dimension. Il y a les surdoués de la communication spirituelle, les experts, les communicants régionaux, les débutants et les opportunistes. Chacun a une fonction et accueille les clients qui lui correspondent : des trajectoires de vie ancrées ou éthérées, des niveaux de conscience avancées, en progression ou à l'abandon. Les élèves débutants sont souvent capables de donner des informations exactes et surprenantes. L'apprenti n'a pas l'expérience du professionnel entrainé mais il arrive à transmettre des informations vérifiables avec une grande simplicité et authenticité. L'aisance avec laquelle se déroulent la plupart des séances avec des médiums inexpérimentés ne cessait de l'étonner et lui avait donné la certitude que la communication avec l'outre-tombe est une capacité humaine innée. Seul le manque de transmission et de pratique a fait de ce talent délaissé, une singularité.

Cosima pensa à ces lieux qui réunissent les objets et les hommes les plus divers et hétéroclites. Les familles galactiques ont souvent ce talent qui fait tant défaut aux autres. Janet et Peter l'avaient surprise. Elle n'aurait probablement jamais rencontré ailleurs ce couple natif de Manchester, une ville du nord qu'elle connaissait pour y avoir enseigné pendant quelques années et dont elle gardait un souvenir mitigé. Elle avait vécu dans le quartier victorien de Whalley Range, l'un des premiers faubourgs rêvés et créés pour que les citoyens du 19e siècle puissent échapper aux embouteillages de plus en plus nombreux des villes industrielles. À l'époque victorienne, un péage protégeait la tranquillité de ce quartier insolite ; à la sienne, les voitures blanches des gangs locaux traversaient tous les dimanches les avenues ouatées en tirant des coups de feu. En semaine ils déposaient dans les allées arborées des enfants agiles et légers capables de rapiner avec dextérité. Lorsqu'elle prit la décision de s'installer à Whalley Range, elle ne perçut pas le danger de ces flibustiers silencieux. Elle avait aimé ce rêve de nature en pleine ville et les vestiges du quartier victorien émaillé de constructions pieuses à l'angle des rues. Elle aimait la présence de ces églises qui affichaient sur leurs frontispices des confessions hétéroclites, un patrimoine de vies charitables et bariolées. De cette ville, elle gardait le souvenir d'un étrange mélange de liberté anglo-saxonne et de démocratie emprisonnée sous un ciel toujours triste.

Janet avaient l'accent et l'étoffe de cette ville. Cette élève médium attira son attention lorsqu'elle monta sur l'estrade et se tourna vers Cosima en parlant d'un grand-père français dont elle avança le prénom :

— J'ai un grand-père français prénommé Franck.

Janet poursuivit avec une description très attachante et très précise du physique de ce grand-père psychiatre, de ses coutumes, du caniche et de la famille qui l'entourait. Cosima écoutait et revoyait son grand-père tel qu'elle l'avait connu, jovial, penché sur son Sud-Ouest avec des yeux plissés par une succession ininterrompue de sourires et de rires. Elle voyait ses lunettes de presbyte et la véranda peinte en jaune soleil, ouverte et abritée du vent où il lisait. Cosima l'écoutait éblouie par le talent de Janet. Janet n'avait plus que quelques minutes et avança un deuxième prénom. La sonorité étrangère la faisait hésiter puis, avec une précision de virtuose, elle essaya : « Rosi ... Rosie ... Rosine. » C'était bien le prénom de l'une des filles de Franck. Le talent captive. Il existe d'innombrables médiums humbles et inattendus. Cette conversation médiumnique lui rappela une fois encore si nécessaire, que les représentations fixées dans nos mémoires sont des fardeaux qui brouillent le cœur et la conscience. Sous l'effet de cette lecture dévouée, les souvenirs tristes de Manchester s'effacèrent. L'accordance des âmes fait rayonner le cœur.

Ce sont les autres dimensions qui nous révèlent l'importance du cœur et de la conscience. Leur développement devrait faire partie des apprentissages contemporains mais les outils médiatiques diffusés à des milliers de consciences de manière synchrone entravent ces capacités en multipliant les consciences distraites. Les consciences distraites, explique le neurologue Lionel Naccache, sont des consciences qui n'ont pas pris la conscience d'un contenu particulier. Les contenus stéréotypés et appauvris de ces consciences distraites créent une société inconsciente proche de la crise d'épilepsie collective. En fait, en omettant de travailler la conscience, nous avons désaccordé les consciences et inactivé l'accordance entre les individus contemplatifs, visionnaires, habités par la foi –dans son sens originel d'empathie et de confiance– pour qui il est souvent difficile d'agir dans la matière, et les individus physiques, actifs qui ont de la vitalité et de l'ardeur à revendre, mais qui s'égarent dans toutes les décisions essentielles pour la communauté parce qu'ils se tiennent à l'écart du champ éthérique et intuitif. Or pour progresser, il faudrait développer conjointement les capacités éthériques et physiques. L'exclusion des capacités éthériques et contemplatives crée une ombre, celle de l'archétype réprimé. L'ombre qui n'est que l'expression des exclus, développe des scénarios de plus en plus insensés ou violents et sans issue. Pour mettre un terme à la fiction qui a exclu l'archétype contemplatif, il faudra faire un travail imaginal réparateur en réintégrant les dimensions contemplatives. Les dimensions contemplatives créent sans cesse des connexions entre des éléments divisés. La dimension contemplative relie les consciences, elle ne condamne jamais, elle est réparatrice et incluante. N'oublions pas les transferts de sacralité. La science a comme la religion, ordonné pour exclure parce que la religion et la science commettent les mêmes erreurs si le niveau des consciences individuelles et collectives demeure le même. Les transferts de sacralité d'un champ à l'autre, ne font que déplacer les erreurs. La pensée scientifique s'est construite en opposition à cette dimension contemplative en favorisant une division des disciplines. Cette division a crée une hiérarchie des disciplines or aucune discipline n'est supérieure ou plus progressiste qu'une autre. Chacune représente un vibrato. Ce sont les accords entre ces différentes vibrations –jamais l'exclusion- qui ouvre des dimensions plus complexes, en accordant toutes les consciences entre elles.

Nous avons rempli nos villes de gymnases pour y exercer nos corps physiques, en déconsidérant les exercices spirituels chargés de maintenir la vitalité de nos corps éthériques. Or le corps éthérique requiert autant d'exercices quotidiens que le corps physique. Les Modernes ont inventé la division du corps et de l'âme comme ils ont inventé la division du travail, la division des espaces en opposant la métropolisation des territoires et les espaces naturels, les espaces séculiers et les espaces religieux, les voies de circulation à péage et les axes routiers communs intransitables. Ce démembrement spatialisé garantit une docilité triste. « Divise et règne » recommandait Machiavel. Le morcellement par la division est la grande invention des Modernes mais cette stratégie du morcellement a bien peu à voir avec le progrès. Elle permet de perpétuer une certaine inconscience des peuples et un totalitarisme institutionnel qui accompagne la mise en scène d'une seule pensée et d'une seule volonté. Lors de conversations médiumniques, les consciences-que-nous-ne-connaissons-pas lui avaient dit que seulement 5% de la population était pleinement consciente.

Colombe leur lu quelques pages d' « Une autre histoire des Trente Glorieuses : modernisation, contestation et pollutions dans la France d'après-guerre ». Elles parlèrent de cet enchantement des masses si proche de la magie. Cet envoûtement collectif simple et régulier leur rappelait la magicienne d'un petit village catalan. Tous les après-midi, la salle de consultation de Mercedes se remplissait. Du miel, des photos, des écrits, des rubans de couleur, des enveloppes, des recettes de protection. Les femmes passaient les après-midi à attendre leur tour. Elles venaient y chercher des conseils et achetaient des bougies colorées. La vieille magicienne ne cessait de prodiguer des conseils à des clients consentants et rivés à un monde d'attente et de sortilèges. Les objets avaient un prix. Pour les services de voyance, c'était la volonté. Leurs recherches sur le terrain les avaient amenées à comparer ces épisodes de magie rurale avec les histoires africaines du Père Mbui, chercheur et prêtre exorciste du Vatican. Les histoires du Père avaient toujours de belles fins. Son exorcisme était un art sage et heureux en tous points différents à celui des babalowo cubains. Des babalowo cubains, elles en avaient rencontré des maigres, des sereins, des personnages sombres qui ne parlaient que de poulets sacrifiés et elles revinrent des Caraïbes avec la conviction que la magie ne devait plus faire partie de leurs explorations insouciantes. Les hommes d'église qui connaissaient bien la nature humaine maintiennent en toute connaissance de cause une distance prudente entre la pratique religieuse et la magie. Ce sont deux mondes antagonistes que l'on a trop souvent superposés. La magie engage et subordonne. La prière rayonne et libère.

6.   SIMON JAMES

Le cœur reçoit, perçoit et crée des liens. C'est une œuvre essentielle dont nous ne comprenons pas la portée. Les médiums spirites néophytes trouvent souvent que les messages des esprits sont ennuyeux et dénués d'intérêt parce qu'ils espèrent apprendre quelque chose sur les mystères du monde et qu'ils n'apprennent pas grand chose. Les messages donnés par une arrière-grand-mère décédée, un grand-père, une mère, un époux, une sœur, un oncle, une cousine ou des amis qui transmettent des souvenirs de bijoux abandonnés dans un tiroir, de photos oubliées ou des remerciements sincères pour les soins reçus pendant leur dernière étape de vie, peuvent manquer d'intérêt et sembler aujourd'hui d'autant plus prosaïques que de nombreux médiums contemporains ont accoutumé ceux qui cherchent à comprendre les dimensions non-terrestres à recevoir quantité de messages galactiques et prophétiques. Le New Age en avançant main dans la main avec les agences spatiales, a déplacé les pôles de spiritualité active. Les territoires n'ont plus de saints. L'au-delà n'est plus un jardin d'Eden mais un ensemble d'exoplanètes et les liens avec ces frères de lumière lointains multiplient la possibilité d'existences aussi variées que difficiles à percevoir et à définir.

Les esprits avaient rapporté à Simon James, l'un des médiums spirites les plus célèbres d'Angleterre, les commentaires à propos de « leurs messages ennuyeux et dénués d'intérêt » en lui suggérant de poser à ses élèves la question : « À qui d'entre vous n'a-t-on jamais dit je t'aime ? » Alors Simon James interrogea ses élèves :

— À qui d'entre vous n'a-t-on jamais dit je t'aime ? Parce que s'il y a quelqu'un ici à qui personne n'a jamais dit « je t'aime », le jour où quelqu'un lui dira « je t'aime », sera, je vous l'assure, le plus beau jour de sa vie. Comme humains, nous avons besoin de savoir que quelqu'un nous aime. « *Is there anyone out there ?* » « *Yes there is !* » Y a-t-il quelqu'un ici ? Oui, il y a quelqu'un ! Les messages d'amour que vous donnent les esprits vous paraissent triviaux mais des millions d'humains échangent tous les jours des messages infiniment plus triviaux sur Facebook et Twitter. « Je prends un café au lait, je prends un café sans lait... » Ces messages vous semblent triviaux ? Bien sûr qu'ils sont triviaux ! Ils sont extrêmement triviaux ! Mais ils sont humains. Vous avez besoin de savoir qu'il y a quelqu'un quelque part qui vous écoute, qui suit votre vie. Vous communiquez et vous recevez un soutien. Il se passe exactement la même chose avec les esprits. Lorsque nous communiquons avec eux, ils vous font savoir qu'ils vous soutiennent, qu'ils suivent votre vie, ils nous envoient leur amour. Lorsqu'aucun d'eux ne fait l'effort de communiquer avec vous, il nous manque quelque chose. Lorsqu'ils communiquent avec nous, ils nous emplissent de joie et cela même si le message est banal. Le degré de banalité importe peu. Vous êtes des humains et à la fin la seule chose qui compte pour vous, c'est que l'on vous aime.

Le spiritisme de tradition britannique et la volonté de développer une de médiumnité évidentielle –c'est à dire à tout instant vérifiable par ceux à qui elle s'adresse– donne une perception très pragmatique de l'au-delà et de ceux qui y résident. Aucun halluciné. Bien au contraire. Les pratiquants de ce spiritisme ne sont jamais des personnes en état d'hallucination mais des personnes perceptives souvent très généreuses. Le choix de cette communication quotidienne et casanière avec les esprits, avive simplement la conscience d'une appartenance à une communauté humaine interconnectée. Ces médiums révèlent l'existence de liens heureux ou abîmés qui demandent à être réparés. Car si la mémoire humaine oublie, celle des âmes dans l'au-delà est admirable ; l'oubli ne semble pas exister. Un médium expérimenté est capable de percevoir et de retransmettre aisément les numéros et les noms de rues où l'esprit a résidé, de décrire sa situation familiale, sa situation professionnelle, ses rêves non réalisés, ses addictions, son âge au moment du décès, la maladie ou les circonstances de sa mort, les photos écartées ou celles qui sont encadrées et occupent une place centrale, les plantes qui ont dépérit de froid dehors parce les vivants n'en voulaient plus chez eux.

La compréhension du fonctionnement de cette mémoire d'outre-tombe et le va-et-vient d'informations entre différentes dimensions bouleverserait toutes les institutions humaines. Ce n'est pas le dernier modèle de téléphone portable qui nous fait avancer. Le seul progrès est celui de la conscience, d'une conscience plus fraternelle et lucide. Un désir d'ascension individuelle et planétaire.

— La reconnaissance de ce talent

médiumnique et la compréhension des différentes étapes de son développement permettrait de mieux comprendre le fonctionnement de la conscience humaine. Qu'elles sont les pratiques qui l'appauvrissent et quelles sont celles qui l'enrichissent ?

— Chacun d'entre nous synchronise avec des fréquences différentes et obtient avec plus ou moins de facilité un certain type d'information. La compréhension de ces différences rend compte de niveaux de conscience et de compétences à la fois très différents et complémentaires. Un médium inexpérimenté lit des empreintes et doit dépasser le champ gravitationnel terrestre pour échapper à l'écueil de la mémoire astrale et des projections de son propre univers mental. Il décrit facilement l'apparence physique, la personnalité, la raison et l'âge du décès de la personne mais donne rarement les noms, la situation géographique et la foule de détails précis qui ne sont donnés que par les médiums très expérimentés.

Au-delà du talent médiumnique propre à chacun, l'esprit qui se présente a également son talent et sa manière. Il peut manquer de pratique, avoir une grande conscience de la vie privée qui l'empêche de parler facilement en public ou être un esprit extraverti qui communique en donnant une foule de détails drôles qui amusent l'audience. Il y a des esprits silencieux et humbles qui parlent peu parce qu'ils furent humbles et silencieux. Il y a des esprits joyeux et volubiles qui ont gardé la gaité et le sens de l'humour qu'ils avaient lorsqu'ils étaient en vie. Rien ne change. Ni les traits innés, ni l'expérience. L'esprit doit s'exercer pour mener une conversation agile et fluide avec le médium. Le monde des esprits est un monde proche, une famille à l'écoute et à la portée de tous.

Cosima n'avait jamais oublié la rencontre avec l'esprit d'une vieille femme particulièrement humble et effacé. L'esprit ne faisait qu'une seule chose, parcourir une allée très familière, de la porte d'entrée de sa maison au portillon en bois qui séparait le jardin de la rue. Elle parcourait ce tracé sans rien dire, une fois, deux fois, trois fois. Cette séance la déconcertait:

— Je ne vois qu'une femme courbée, les cheveux blancs et frisés et ce portillon de jardin peint en jaune pâle. Elle me montre toutes ses allées et venues depuis chez elle jusqu'au portillon, mais ce portillon de jardin ne dit rien, tout le monde à un portillon de jardin !

Val Williams, qui suivait cette connexion spirite, intervint pour dire :

— Tout le monde n'a pas un portillon en bois et un jardin ! Continue et demande-lui comment elle s'habille.

La femme de soixante-dix ans lui montra une robe verte et un tablier vert. Un vert intense :

— Elle me parle de vêtements verts, d'une robe et d'un tablier verts.

Puis avant de s'effacer, l'esprit ajouta :

— Dis à ma sœur Charlotte qu'elle n'hésite pas à pousser les portes parce que moi je n'ai pas su les ouvrir.

Sa sœur Charlotte, était dans la salle. Elle hocha la tête affirmativement avec des yeux brillants en expliquant pourquoi cette description l'avait tellement émue :

— Ce portillon était très important dans sa vie. Elle allait toujours de sa maison au portillon en bois jaune, elle allait et venait pendant des journées entières parce qu'elle n'osait pas aller plus loin. En effet, elle ne savait pas pousser les portes et... elle adorait la couleur verte, elle ne s'habillait quasiment qu'en vert.

Soudain, cette connexion quasiment sans contenu qui lui avait semblé si peu pertinente, s'imposa comme l'une des plus belles. Certaines personnes ont du mal à relever les défis de la vie, souvent moins par manque de courage que parce qu'elles n'ont pas été guidées. « Les adultes qui auraient dû prendre leurs responsabilités et accompagner cette personne ne l'ont pas fait. » lui avaient dit les consciences-que-nous-ne-connaissons-pas à propos de l'une de ses connaissances. La plupart des individus ne sont pas des athlètes de haut niveau, ils ont besoin d'appuis professionnels. Mais l'appui professionnel est rarement accordé à ceux qui se noient et le demandent ; on l'accorde à ceux qui ont déjà gagné. La pratique du spiritisme aide à comprendre combien le respect et le secours porté à tous les maillons de la chaîne est plus vital que les ambitions solitaires.

7. GITTA MALASCZ

Les conversations avec l'au-delà ne sont pas un jeu. Les esprits ont leur propre style et n'ont pas tous la même inclination ou envie de communiquer avec les vivants ; les esprits farceurs utilisent la parole pour s'amuser, les esprits errants pour nous perdre et les esprits avancés pour nous aider. D'où la fermeté d'Allan Kardec qui prescrivit un cadre très strict pour les séances médiumniques. Cette médiumnité institutionnalisée était censée éviter les pièges, les farces et les errances de l'outre-tombe.

Cosima se souvenait d'une expérience désagréable. Elle avait assisté par hasard à une séance spirite dans un appartement sombre. Le médium était chauffeur de taxi à Londres et avait conduit une séance pendant laquelle il n'avait dialogué qu'avec des esprits égarés. Par le biais de ces conversations spirites qu'il répétait tous les jeudis, il souhaitait transmettre à l'auditoire sa perception de la ville : « des trottoirs assiégés d'esprits perdus, des milliers d'esprits désincarnés errants, égarés, il y en a partout, si vous pouviez les voir, vous auriez peur de marcher dans ces rues encombrées », expliquait-il. Sa vision était probablement juste et son intention généreuse lorsqu'il élevait et libérait les âmes, mais il était prisonnier des spectres qu'il délivrait. Ces esprits désemparés le happaient et lui avaient fait oublier que nos pensées attirent ce qu'elles énoncent. Nous pouvons attirer les âmes perdues et faire un travail de passage ou rayonner comme le fait l'astre diurne. Ce médium avait choisi d'aider des spectres vagabonds qui, lui semblait-il, occupaient indûment les rues londoniennes, une ville qu'il aimait. Cette vocation qui ne pouvait illuminer ni nos vies ni la sienne, permit à Cosima de comprendre les paroles que l'Ange avait dicté à Gitta Malascz :

Bave des malades, grelottements des naufragés,

C'est le spiritisme.

Ils veulent un signe

Et le signe ne leur est pas donné.

N'évoquons pas les morts, mais la Vie éternelle !

Que l'enseignement sacré

Ne se cache pas dans l'obscurité,

> Mais qu'elle brille au grand jour !
> Ce qu'on évoque, on le reçoit.
> Laisse les morts avec les morts !
> Ils ont tant évoqué la mort qu'elle est venue.
> Évoquons la joie et SON Royaume viendra.
> Non dans la peur tremblotante,
> Mais dans la jubilation.
> (Dialogues avec l'Ange : 171)

Les esprits ont à cœur d'aviver notre conscience. Cette incursion des morts dans le monde des vivants et vice-versa permet à chacun de progresser. La volonté de démocratiser la médiumnité à partir du 19e siècle amena le public à prendre contact avec les défunts sans intermédiaires. La communication jusqu'alors réservée à des personnes entraînées, devint soudain un phénomène accessible à tous. Ceux qui souhaitaient dialoguer avec l'au-delà n'étaient plus ni démiurges, ni théologiens, mais des hommes et des femmes sans préparation spirituelle spécifique. L'implication de célébrités passionnés par cette communication entre les vivants et les morts -Victor Hugo, Charles Dickens, Camille Flammarion, Pierre Curie, León Denis, Carl Gustav Jung, Arthur Conan Doyle- contribua à l'essor des phénomènes médiumniques sans nécessité d'aval institutionnel.

Le mouvement spirite ne fut pas une errance métaphysique mais une quête méthodique et démocratique qui conduisit tout un chacun à interroger un espace inaccessible à l'œil humain. Cette quête sur le devenir post-mortem, articulée par un pédagogue qui rassembla dans Le Livre des Esprits une première série de mille questions avec les réponses données par des médiums qui suivaient un protocole précis, se fit dans un but de progrès social. Il ne s'agissait pas d'un divertissement mais de permettre à tout un chacun de pratiquer une philosophie progressiste qui devait perfectionner leur compréhension spirituelle tout en développant des réseaux de fraternité pour améliorer la vie sociale et matérielle. Des milliers de sociétés spirites apparurent quasi simultanément aux États-Unis et en Europe. En France et en Angleterre, les cercles spirites développèrent avant les États un grand nombre d'activités sociales et culturelles dont la répartition des ressources financières avec la création des Caisses mutualistes pour les pauvres, des fonds pour les chômeurs et les premières garderies. Ils défendirent le vote des femmes, l'abolition de l'esclavage, l'abolition de la peine capitale et prônaient le pacifisme. Parmi les pionniers, les femmes jouèrent un rôle fondamental. La brésilienne Analia Franco (1856-1919) ouvrit des dizaines de jardins d'enfants et de bibliothèques, la conférencière et guérisseuse Cora Lodencia Veronica Scott (1840-1923) fut très consultée par le parti d'Abraham Lincoln et le président américain Ulysses Grant la remercia officiellement pour ses six années de service.

Le 19e siècle tenta de scruter les ténèbres avec audace. Il tenta d'éclairer ce qui était resté dans l'ombre, de l'opacité du corps humain au monde invisible des spectres. Pendant que Marie Curie démontrait l'existence du radium, les médiums démontraient la survie de l'âme et l'existence d'une mémoire animique.

Cette socialisation des morts permettait aux vivants de recevoir individuellement, sans distinction de lieu ou de fortune, un message de l'au-delà. Cette envolée des communications avec l'outre-tombe coïncide avec l'essor des lignes télégraphiques qui transmettaient elles aussi de manière audible les messages d'émetteurs invisibles. Les esprits d'hier et d'aujourd'hui se prêtent au jeu pour que les individus puissent devenir plus conscients et responsables. Les esprits du 19e siècle participèrent de manière très volontaire et explicite au progrès de la conscience humaine comme ceux du 12e siècle participèrent à l'œuvre de leur temps en profitant de la création du Purgatoire. Il n'y a rien de sensationnaliste dans le spiritisme. Les défunts œuvrent main dans la main avec leur temps.

Mais l'histoire ne retient pas ces tentatives d'ascension de la conscience humaine. Nous écrivons une histoire extraordinairement sélective. L'histoire du 19e siècle fait passer les conquêtes napoléoniennes pour un fait infiniment plus essentiel que le spiritisme. Pourquoi sont-elles plus essentielles ? Le sont-elles ? L'histoire produit des cultes et des fétiches difficiles à déplacer. Nos narrations historiques sont des exercices de reconstruction et de hiérarchisation à partir de filtres culturels qui modifient le réel. La communication avec ceux que l'on appelle les défunts est infiniment plus importante que l'épopée Napoléonienne dont il ne reste que des cadavres muets jamais interrogés. Nous imprégnons nos rétines d'épopées belliqueuses et de conflits armés en omettant de transmettre l'histoire des peuples et des esprits pacifiques qui se sont perpétués pendant des millénaires sans guerre. Nous pleurons certains bombardements et décrétons des embargos sur les fruits en augmentant la production d'armes. Nous ravivons à satiété la mémoire de sépultures héroïques et comptons les cadavres. Nous détaillons avec la minutie d'un archéologue les séquences violentes qui ont conduit les macchabés au tombeau mais négligeons les vivants. Nous reconnaissons que la vie est un mystère, mais nous la décrivons sans questionner les défunts et laissons que les institutions utilisent la peur et la méconnaissance de la mort pour réprimer la liberté des vivants.

Ces témoignages déclassés expriment le désir universel de se relier à d'autres dimensions, à des trajectoires au-delà de la Terre, un désir d'entraide, un désir d'ascension de la conscience et de la perception. La plupart des talentueux de la communication spirituelle, offrent gratuitement des séances à l'écart des projecteurs. Il suffit de pousser la porte d'un centre ou d'une église spirite et de s'y asseoir pour écouter les médiums spirites. Leur talent surprend. Certes les motivations des nouvelles générations ne sont plus les mêmes. En 2010, le célèbre médium spirite Paul Jacobs se plaignait que la médiumnité soit devenue une simple préoccupation professionnelle. Il regrettait la participation altruiste, charitable et collective qui avait tant marqué l'histoire du spiritisme. Il demanda à la centaine d'élèves médiums qui assistaient à sa conférence à Findlay College :

— Combien d'entre vous sont spirites ?

Un tiers de l'assemblée leva la main

— Combien d'entre vous ne sont pas spirites ?

Un autre tiers leva la main.

— Et que se passe-t-il avec ceux qui n'ont levé la main ni la première ni la deuxième fois ? Ma question est pourtant très simple, êtes-vous ou spirites ou n'êtes-vous pas spirites ?

Paul Jacobs n'obtint jamais de réponse parce qu'il ne pensa pas un seul instant que plus d'un tiers des personnes qui fréquentaient une école de tradition spirite n'avaient jamais entendu parler du mouvement spirite et ne comprenaient pas la question. Ces personnes venaient travailler leurs capacités médiumniques mais n'avaient aucune connaissance de l'histoire et des particularités du spiritisme.

8. TRADUIRE LES ÉQUATIONS EN MOTS

Cybèle attendait Colombe sur un banc du parvis de Notre-Dame-de-la-Fin-des-Terres en repensant aux confidences que lui avait fait un géographe : « Les équations de mes géographes les conduisent à parler de la fin du monde, mais comment traduire leurs équations en langage ordinaire ? Nous n'avons peut-être même pas les mots pour le faire ».

L'existence des consciences-que-nous-ne-connaissons-pas, c'est pareil. Comment traduire leur matérialité et l'infrastructure de leur cosmologie en langage ordinaire ? En attendant l'âme extensible se déplace. Les éléments qui la constituent sont pour la plupart inaccessibles mais certains peuvent en déchiffrer la composition comme d'autres décodent le morse. Dans l'univers tout reste. Tout se lit. L'âme ne veut pas révéler son scénario.

Colombe arriva.

Cybèle lui parla des équations que les géographes ne savaient pas comment traduire en langage ordinaire.

— Il ne peut y avoir d'ascension de la conscience tant que la science s'éloigne de plus en plus de l'existence des hommes. La découverte de dimensions multiples aurait dû avoir une traduction politique et sociale mais la géographie du champ humain n'a cessé de se rétrécir pour occuper le seul périmètre encadré par les institutions politiques locales et internationales. La disparition de l'au-delà (les champs cultivés des Égyptiens, le Purgatoire, le Paradis...) a supprimé ces dimensions imaginales de l'existence humaine tandis que les sciences démultiplient leurs champs de recherche dans des dimensions toujours plus nombreuses dans les plis des champs vibrationnels et de la matière. Ces mouvements en sens contraire auraient dû nous alerter.

— En attendant les défunts sont là pour nous interroger. Ils nous enseignent la pluralité des mondes. La Science tarde à nous donner une application Pourquoi voulons-nous découvrir de nouvelles dimensions si nous ne les intégrons pas dans nos existences ?

— Les économistes n'ont pas intégré un enseignement fondamental des sciences : toutes les lois ne sont pas universelles. Il y a des lois locales qui gèrent une scène et un ensemble spécifique d'objets. Un peu comme la physique classique et la physique quantique ou comme la géométrie euclidienne dont les lois s'appliquent à des objets qui ne sont pas ceux de la géométrie projective, de la géométrie non euclidienne, de la géométrie différentielle ou de la géométrie algébrique. Les consciences-que-nous-ne-connaissons-pas en témoignent souvent.

9.   LA DERNIÈRE CÉRÉMONIE

Les quêtes lumineuses n'ont plus besoin de sommets, de grottes ou de cellules monacales. Le New Age a incarné une nouvelle quête galactique, un rapprochement avec de nouveaux esprits célestes chargés de faire rayonner sur terre la conscience cosmique de dimensions plus évoluées que la dimension terrestre. Des naissances messianiques pour renverser et illuminer le monde. Pour leurs parents Alcyone, Alumbrada, Athanaëlle, Athanor, Eloha étaient avant tout un vecteur de dépassement. Les enfants du New Age ne s'inscrivaient plus dans une lignée familiale mais dans une fraternité galactique chargée d'une évolution de la conscience terrestre.

Certains ont beaucoup ri, d'autres ont combattu avec ardeur les Nouveaux Mouvements Religieux, la plupart n'ont rien compris. Elles parlèrent des monastères New Age. De ceux qu'elles avaient connus. Et de ceux qu'elles imaginaient pouvoir advenir. Colombe gardait en mémoire le séisme qui se crée entre le temps monacal et les empreintes bruyantes des récits médiatiques qui survolent l'histoire sans l'expérimenter. Elle gardait en mémoire les sculptures bigarrées éclairées par le soleil sec des Alpes-de-Haute-Provence et les nuits étoilées. Elle gardait en mémoire ce lieu si proche en esprit des collines limées d'Ojo Caliente au Nouveau-Mexique et si éloigné de la vie en France. Dans les archives de sa mémoire se mêlaient des heures de dialogues médiumniques étonnants, le tapis rouge du temple, les sons, et l'audace des premiers disciples qui gravissaient des chemins de montagne avec des sacs de ciment posés sur des ânes pour suivre un guide spirituel qui venait de conclure une longue retraite troglodyte. Le New Age ne s'était pas bâti dans les grottes des Gorges de Galamus. Son désir de clarté aurait dû lui être reconnu.

Pendant ses recherches d'histoire religieuse ; elle avait interrogé le fil de ces personnes qui passaient au hasard des rencontres dans des centres de méditation éparpillés. Elles y apprenaient souvent pendant un an des chants mantriques métissés. Suivant le travail personnel accompli, le responsable du Pôle de Lumière permettait ou ne permettait pas à l'apprenti méditant d'aller au Monastère.

Les Pôles de Lumière, tels des nations avec leurs frontières, filtraient plus ou moins les intéressés. Certains directeurs de pôle abusaient de leur pouvoir et multipliaient les exercices spirituels pour tester le méditant en retardant son voyage initiatique et d'autres encourageaient les nouveaux à se rendre sur place pour choisir en toute connaissance de cause d'y rester ou d'en repartir. Les meilleurs maîtres étaient souvent ceux qui retenaient les premiers élans. La rigueur semblait servir l'apprentissage et la liberté servir l'expérience.

Le processus initiatique retenait le cœur et l'imaginaire de la majorité, pas le sien. Ce qui avait retenu son cœur et son imaginaire pendant trois étés et trois hivers, c'était l'histoire et le fonctionnement de ce monastère et de ses constructions. D'où les pionniers tiraient-ils leur énergie ? Leur capacité à inventer un autre monde ? Certes, il y avait eu le facteur Cheval mais le facteur Cheval avait bâti un univers personnel. Un hymne à sa propre vie. Ce qui ne cessait de l'éblouir là-haut, c'était la capacité créatrice de toute une communauté qui partageait son temps entre des tâches quotidiennes, professionnelles et un itinéraire spirituel construit avec de l'espoir et quelques cailloux. Elle admirait ceux qui avaient bâti cet ensemble sur cette terre sèche et peu hospitalière et les remerciait d'avoir créé un espace si rare et inespéré.

Les plus anciens, la génération née dans les années 1950 avait souvent connu l'Inde ou les États-Unis. Mais les plus jeunes, ceux qui étaient nés dans les années 1960 n'avaient aucune connaissance du fait religieux. Leur imaginaire vierge de références fonctionnait à l'unisson avec ce composé d'iconographie hybride. Le désir de remplacer des religions qui ne faisaient plus partie du legs familial, leur permettait d'élaborer sans combats de nouvelles formes de transcendance. Rien de plus. Cette créativité pacifique a abreuvé en silence des millions de consciences.

Le fondateur du monastère avait été disciple de Shivananda en Inde et franc-maçon à Paris. Il avait mené une vie d'ermite en prenant exemple sur Milarepa, avant de rassembler une poignée de disciples pour construire le monastère. Il eut pendant des années un parcours authentique et apaisé à l'image de la statue du Bouddha, de celle du Christ, de la synagogue, du temple hindou, des temples de la terre, du feu, de l'eau et de l'air. Un syncrétisme coloré et chaleureux, probablement assez proche du monastère de Shri Aurobindo et de Mère à Pondichéry.

Les étonnantes séances de messages enregistrés et archivés faisaient partie de cette vie peu ordinaire.

Ces générations n'avaient reçu aucune transmission et dans un monde qui avait sérieusement commencé à gommer la diversité, les monastères New Age étaient devenu des lieux inouï où tout semblait nouveau, différent. Ces générations osaient expérimenter. Si les députés français au lieu de poursuivre ces groupes avaient compris les enjeux d'un désir de transcendance et ceux de l'absence de pratique spirituelle, ils auraient pu anticiper ce qui allait réapparaître trente ans plus tard comme ombre de ce qui a été exclu. Car la particularité des archétypes est de ne jamais disparaître. Lorsque les idéologues pensent pouvoir exclure partiellement ou totalement un archétype existant avec qui ils entrent en désaccord, ils le font en s'appuyant sur des pratiques de gouvernance totalitaires. Ils ont oublié ou n'ont jamais su qu'Antonin le Pieux avait crée la plus belle époque de paix sur une immense étendue géographique parce que toutes les coutumes et les dieux avaient droit de cité. Même les dieux inconnus. Qui autoriserait aujourd'hui à Paris la construction d'un ou plusieurs temples à des dieux inconnus ? Les dieux inconnus sont comme l'infini en mathématique, leur présence assure de l'espoir, de nouvelles possibilités, de l'imprévu. A l'inverse, les pratiques politiques excluantes verrouillent l'archétype spirituel. Et ce verrouillage a toujours les mêmes conséquences : il crée tôt ou tard, tantôt un foisonnement pluriel qui tente de rétablir la survivance de tous les archétypes existants, tantôt la manifestation brutale et inattendue de l'exclu.

Le New Age s'est souvent construit contre l'inopérance des États. Cette inopérance croissante face à une grande opérativité galactique et à l'impossibilité de spatialiser de nouvelles pratiques religieuses dans les espaces urbains n'a pas été comprise. La parole et les représentations du New Age ont souvent incarné cette tension qui permettait d'anticiper certains effondrements. Le New Age a posé un grand nombre de questions fondamentales mais les images et les représentations systématiquement classées dans la catégorie « kitsch » ont entravé la compréhension de ce discours galactique révélé.

Colombe leur parla de la cabane où elle remplissait avec un tuyau d'arrosage un sceau d'eau froide pour prendre des douches. Des douches à l'ancienne. Rien d'étrange ni de grave. Quelques années après son départ, ceux qui étaient restés lui avait raconté l'injonction administrative qui avait obligé le monastère à mettre l'eau courante et l'eau chaude. La cabane disparut. Ils seraient désormais moins nombreux à pouvoir témoigner d'un réveil à l'aube arrosé par l'eau froide de douches artisanales disséminées dans des paysages de montagne où les statues, les temples et la nature avaient un poids sensoriel essentiel face à des sociétés marqués par un habitat normé, inanimé, inorganique. La normalisation efface l'allégresse, l'étonnement et la force d'âme. Elle renforce les enjeux du pouvoir qui font si souvent chavirer les groupes humains.

Elle avait suivi en silence le changement. La construction de la dernière statue l'alerta et marqua un tournant. Elle tenta en vain de prévenir l'échec. Elle s'était interrogée sur l'apparition de ces messianismes qui croisaient son chemin simultanément, celui d'un messie universel et cosmoplanétaire et celui du Rabbi de Loubavitch. L'un tout en couleurs et sans lignée et l'autre tout en noir et accepté comme une excentricité juive. Un jour d'été, pendant une cérémonie à l'air libre, le médium du monastère leva les yeux et croisa son regard. Les deux eurent la certitude instantané que cette histoire n'avait plus de futur. Quelque chose avait cassé l'authenticité de cette volonté de repenser le monde et d'unir toutes les religions. Les ânes de 1974 chargés de sacs de ciment qui montaient les sentiers caillouteux de ces montagnes sèches et dénudées avaient laissé la place à une hiérarchie dont les membres étaient occupés à maintenir une frontière hermétique entre eux et les autres. Quelque chose entre euphorie et prise de pouvoir extrême. Le moine-médium ne délivra plus jamais les messages de l'oiseau tonnerre et de tant d'autres. La source venait de s'assécher sans que personne d'autre ne s'en rende compte. Ce fut sa dernière cérémonie. Elle décida de ne plus y retourner. Elle avait appris quelques-uns des enseignements du New Age, le nettoyage des mémoires, le pouvoir de la méditation, les limites de la magie, la mise à l'écart sans analyse des nouveaux regards religieux. Peu de temps après elle, le moine-médium qui avait passé tous ses étés au monastère depuis qu'il avait sept ans et qui à dix-huit ans avait souhaité embrasser une vie de moine pour toujours, quitta le monastère.

Colombe leur raconta comment, des années plus tard, Nuna lui avait décrit cet épisode : « L'enseignement était bon, mais les maîtres finissent toujours par s'entourer d'un petit cercle de fidèles zélés qui les isolent puis ils perdent la raison. Tu comprends cela ? ». On peut un jour œuvrer avec les mains vides et le jour d'après se perdre dans des célébrations que l'on n'interroge plus. Ce qui est admirable un temps, peut s'abîmer et s'anéantir en un instant.

Cette religiosité colorée et heureuse n'avait pas changé la nature humaine. Elle avait appris très tôt que la source qui nous guide et illumine notre conscience suprasensible n'était pas le Dieu immobile fabriqué par l'esprit européen, mais une vibration qui évolue avec les difficultés et les quêtes des siècles. La science aurait le droit de classer ses lectures erronées du monde en réduisant Dieu à l'immobilité. Mais Dieu n'est jamais resté immobile. Les idéologies du 20e siècle ont renversé le monde. Les nouveaux schèmes contemplatifs tentent de le reconstruire. Le New Age a transfiguré un très grand nombre de consciences. C'est une immense révolution silencieuse qui ne cesse encore aujourd'hui de transformer en profondeur la société.

10.   L'EMPREINTE DES ANCIENS

— La mort est-elle heureuse ou triste ?

— Si les dialogues spirites remplaçaient les cimetières et les photos qui font pleurer les vivants, nous donnerions la main à la mort comme à la vie. Avons-nous besoin de larmes pour les morts ou d'empathie avec les vivants ?

Cybèle leur raconta la mort d'Amat.

Elle était venue voir Marie et Rose. Dans sa chambre une odeur de tabac la surprit dans cet appartement où personne ne fumait. Le souffle âcre et opaque apparaissait et disparaissait. Elle ouvrit la fenêtre et chercha la provenance de cette odeur envahissante. Puis lassée, elle cessa de lutter et s'enfouit sous les draps propres. Peine perdue. Le tabac exhalé accompagnait sa propre respiration. Plus elle scrutait la chambre, plus les exhalaisons de tabac fraîchement fumé l'enveloppaient. Amat était là. Sa présence était silencieuse, il ne disait rien. Deux jours plus tard, sa femme

Marie décéda. Amat était venu la chercher.

Rose continua à vivre plusieurs années seule dans ce même appartement. Les années passèrent, puis un jour Claudia, une amie de Rose l'appela : « Rose ne veut pas mourir sans te revoir. Viens vite. Elle t'attend ». Cybèle parcourut les 920 km qui la séparaient du village méditerranéen. Rose l'attendait. Elle eut le temps de lui prendre la main avant qu'elle ne s'abandonne à l'au-delà en esquissant un dernier sourire.

Claudia était là. Elles parlèrent.

— Amat est venu la chercher. Cette nuit pendant je veillais sur elle je l'ai entendu aller et venir dans la chambre de Rose, c'était son pas, ses chaussons.

Claudia connaissait bien les pas tranquilles et fatigués de son médecin et ami depuis toujours. La maladie avait cadencé sa démarche et l'avait obligé à chausser des pantoufles pendant près de dix ans. Les défunts recourent à leur vécu et à la mémoire qu'en ont les vivants pour nous faire signe quand ils reviennent. Amat était venu chercher celle qui avait tant pris soin de la famille puis de lui pendant les dernières années de sa vie. De la beauté d'âme et de la générosité de ce grand-père médecin très aimé, elles n'avaient perçu que quelques volutes de tabac et le bruissement de ses chaussons. Rien de plus jamais plus. Amat avait toujours été silencieux.

Une photo encadrée dans la chambre de Rose du temps où la vie avec le médecin rural était heureuse lui rappela ses années d'enfance. La salle de consultation d'Amat jouxtait un cinéma rural. Cybèle avait passé des après-midis entiers à voir des films ; les jours de pluie dans la salle fermée et les jours d'été dans le patio sur le grand écran à l'air libre bordé par des platanes et le brouhaha tranquille du chemin de fer lorsqu'il traversait le village. Elle s'était construite avec ces images projetées, l'azur tranquille de la Méditerranée et les ânes chargés de récoltes maraichères qui transitaient dans cet entrelacs d'espaces libres. Le monde n'avait pas progressé. Il avait reculé pour cause de voracité. Nous n'avons pas su conserver des espaces de liberté. L'insensée réduplication des objets urbains, la spectacularisation des trottoirs en tout point semblables aux campagnes de Lomidisation en Afrique si bien racontées par l'historien Guillaume Lachenal, avaient mis fin à la sérénité de nos existences. Cette gestion totalitaire sans nuances était à milles lieues du va-et-vient de la vie dans les rues désertes d'un littoral encore bordé par ses dunes. L'humilité de la poussière, le ciel bleu outremer sans immeubles, sans bruits, la solidarité des anciens, le succès des commerces et des entreprises sans concurrence. Depuis, elle cherchait des espaces inachevés, vierges, inviolés. Elle cherchait la générosité de ce dénuement essentiel.

Lorsqu'elle regardait en arrière, elle voyait une scénographie moderne, ouverte, comme une peinture abstraite ébauchée sur une toile blanche traversée par des lignes vivantes et une immense générosité. Ceux qui souhaitaient réécrire le monde ou simplement y superposer leur empreinte pouvaient le faire dans un contexte où la calligraphie de tous était encore sobre. À peine visible. Les nouveaux tracés savaient se fondre dans les écritures passées, dans un habitat à taille humaine, dans un environnement où les plus pauvres avaient la possibilité d'être productifs. Nous avons oublié cette sobriété or l'humanité ne se construit pas seulement avec des enfants qui grandissent mais avec de l'espoir, des espaces vierges, des couleurs sonores et les tonalités d'un environnement libre qui engendre le désir de vivre. L'humanité, ce n'est que ça. Le vrai progrès c'est toujours l'entrelacement des forces vives complémentaires.

La mosaïque des nations

européennes a contribué un temps à préserver l'Europe de son penchant pour les totalitarismes. Les mosaïques ne sont jamais totalitaires. Nous pouvons mesurer la force, la stabilité, la fréquence de la pensée totalitaire dans une société, en évaluant les matériaux de construction qu'elle utilise. Le béton armé est contemporain de la pensée totalitaire et l'a propagée. Le verre est contemporain d'une tentative à la fois de transparence et d'invisibilité. Si nous pensions nos architectures nous bouleverserions le monde. La réduplication du système architectural contemporain structure le modèle mimétique. Il enserre nos sociétés assourdies et éblouies par la pollution lumineuse des lampadaires qui éclairent les somnifères des dormeurs. Ils célèbrent sans interruption depuis le 19e siècle les rêves de la fée électricité avant de rayonner au 20e comme autant de cierges incandescents allumés pour financer les partis politiques. Les neuvaines sont sorties des églises pour éclairer l'espace publique. A qui appartient cet espace sans nature baigné par des nuages de particules fines ? Plus personne ne le sait. Cette mainmise sur la totalité de nos espaces et des espèces vivantes est un gigantesque ethnocide. Tiendra-t-il longtemps ?

L'humanité et les forces politiques qui la gouvernent devraient rendre hommage à tous les écosystèmes et mettre fin à cet hommage narcissique et mortel. Ibsen avait probablement perçu l'évolution du monde lorsqu'il avait enfermé une forêt dans un grenier. Le premier ministre turc Erdogan avait résumé l'incapacité de ceux qui gouvernent à concilier deux pôles complémentaires : « les routes, c'est la civilisation et ceux qui veulent vivre avec les arbres doivent aller vivre dans la forêt ».

À huit ans Cybèle avait vu la France se couvrir d'espaces de méditation ouverts à tous, ronds et blancs. Un réseau de clarté silencieuse dans la cité. Les métropoles devraient être entrelacées de forêts et la terre enchevêtrée de lieux de prière aussi neutres que le ciel étoilé. Des années plus tard, en feuilletant un magazine elle avait découvert le sanctuaire de Charles Ross et Laban Wingert, à Montezuma dans le Nouveau-Mexique. Une chapelle cosmique dédiée à toutes les religions du monde. Des prismes filtrent la ronde des astres nocturnes et diurnes. Les architectes de cette œuvre lumineuse avaient réussi à insuffler une bonne dose d'intelligence et d'harmonie au concept. Tout était là. Les consciences-que-nous-ne-connaissons-pas peuvent transmettre les fondements d'une philosophie de vie mais ce sont les vivants qui plongent les mains dans la matière et l'anime. C'est cet entrelacement entre la volonté humaine et l'accompagnement des êtres invisibles qui l'émerveillait. Cet échange d'amour inconditionnel et d'entraide entre notre dimension et les autres, entre les consciences terrestres et les consciences-que-nous-ne-connaissons-pas.

Le souffle de la foi ce n'était que cela. Une obligation d'entrelacer des dimensions complémentaires. Un vrai contrepouvoir déclassé par l'histoire.

11.   MARIE

Marie avait déménagé dans l'autre dimension. Cybèle lui avait pris la main avant et pendant et l'avait accompagnée jusqu'à la démarcation que sa grand-mère avait franchie seule, avec un sourire serein qui en disait long sur le bonheur que lui procurait ce dernier transbordement. Marie avait adoré les voyages et aurait parcouru le monde plusieurs fois si elle avait pu. Cette aventurière lui avait transmis avec enthousiasme son slogan de vie : « La vérité avant tout ! ». Cybèle avait toujours pris très au sérieux la devise de Marie sans savoir qu'elle était partie sans avoir jamais dévoilé son secret.

Marie était la fille naturelle d'un médecin réputé de Barcelone. Son serment de ne rien dévoiler prit le dessus sur sa loyauté déclarée à la vérité. Quelques années après la mort de sa tante, la nièce détentrice et gardienne du secret, dévoila cette histoire dont elle conservait toutes les attestations écrites.

Marie avait toujours évoqué la bonté de ce médecin prestigieux qui lui avait payé des études chez les Sœurs Salésiennes. La vie dans cet internat réputé de Barcelone était une étape de vie éblouissante pour cette enfant née dans un village démuni des Pyrénées. Une photo de la fillette assise sur les marches de l'église de San Juan de las Abadesas, témoignait de cette enfance modeste. Entre le dénuement de ce village éternellement hivernal et le miracle d'une liaison silencieuse qui l'avait conduite à étudier dans un milieu urbain affluent, les sœurs salésiennes étaient devenues la source poétique d'une époque transfigurée par la prodigalité de ce père naturel. La mort de son bienfaiteur qui disparut quand elle avait dix ans, mis fin à la scolarité chez les religieuses. Marie dut quitter Barcelone et n'y revint que pour épouser Amat. Cette ville faisait partie de son serment et de son éblouissement. Elle y revenait régulièrement sans que la vie lui permette d'y rester. Personne ne savait pourquoi elle tenait tant, une fois par mois, à faire sa valise pour passer quelques jours seule à Barcelone. Cybèle comprit enfin le désir de ces escapades régulières. Elle comprit aussi pourquoi cette anarchiste convaincue qui n'entrait jamais dans une église avait toujours transporté lors de ses déménagements successifs une très grande vierge bleue. Elle comprit aussi pourquoi Marie tenait tant à sa collection de bijoux dans un village de pêcheurs où la vie se déroulait sans cérémonies. Porteuse de racines prestigieuses mais voilées, elle faisait rayonner avec ces pierres précieuses, une mémoire silencieuse.

Était-ce le poids de ce secret jamais dévoilé qui l'avait amenée à transmettre sa devise de vérité avec tant de conviction ? En l'élevant, Marie avait inscrit ce désir de clarté au plus profond du cœur de Cybèle, qui avait continué longtemps après la mort de sa grand-mère à lui demander conseil. Les conseils de Marie avaient bien plus d'importance que bon nombre d'échanges avec les vivants. Les messages qu'elle recevait de l'autre dimension étaient toujours translucides et sans équivoque.

12. LES COUTURES DE NOS HABITS

Cosima avait rendez-vous avec Ophélia. Elle monta dans le tram. À gauche, une fille boulotte avec les yeux embués et des écouteurs sur la tête. Elle regarda pendant longtemps son très joli visage qui tantôt versait quelques larmes, tantôt répétait mécaniquement les paroles d'une musique qui lui faisait secouer avec frénésie sa jambe gauche. Une jeune prisonnière de son iPhone. Un fétiche avait pris le dessus sur sa vie. Une autre à côté avait enfilé des collants à dentelle blanche sous un jean très déchiré. Son programme de belle fille aurait pu être finement écrit mais les opportunités de cette vie semblaient lacérées.

Dieu dort et nous nous sommes débarrassé des couturières. La santé dépend pourtant de cet ancien savoir-faire. Les couturiers et les couturières ont été les premiers guérisseurs d'âme. Ils ou elles savaient raccommoder une déchirure, tailler des vêtements rituels, fixer des rubans colorés aux saints siciliens sur lesquels les villageois épinglaient des billets. Depuis que les musées ont divinisé la déchirure et que nous n'avons plus de vêtements rituels, nous retournons dans tous les sens l'hologramme des peuples. Dans un hologramme chacun des points est responsable de l'ensemble.

Nous avons beaucoup perdu en écartant les couturiers et les couturières des métiers les plus courants. Nous l'avons fait en toute conscience comme l'Angleterre le fit lorsqu'elle édicta l'Acte des Tisserands pour empêcher les particuliers d'avoir plus de deux métiers à tisser, sous peine d'emprisonnement. Toute la confection devait se faire dans les manufactures. Les foules étaient acheminées de force vers l'industrie. Les cousettes éparpillées contribuaient pourtant à une répartition harmonieuse et équilibrée de la patience et des talents. À l'aube de nos vies, nous voudrions tous pouvoir enfiler des habits créés par des couturiers et des couturières hors pair pour habiller l'étincelle lumineuse qui nous constitue, celle qu'il faut délester de nos émotions hâtives et trajectoires décousues qui nous donnent l'impression d'exister. Les consciences-que-nous-ne-connaissons-pas avaient souvent dit à Cosima : « Votre corps, ce n'est qu'un vêtement que vous enfilez pour vivre la vie. Un vêtement masculin ou féminin. Peu importe. C'est vous qui l'avez choisi. Avez-vous su le choisir ? Certaines couturières sont pressées, zappent les détails, construisent leurs modèles avec des fripes. D'autres sélectionnent les meilleures étoffes et en prennent grand soin ».

Prendre soin des habits de la vie et des habits de la mort. Nous arrivons emmaillotés dans des étoffes traversées d'émotions disparates, bonheur, anxiété ou indifférence et partons drapés dans des linceuls cousus d'amour, d'itinéraires éblouissants ou de parcours brisés. Les addictions naissaient d'un attachement aux dernières images. Celles que le mort a emportées avec lui. Elles colleraient à sa mémoire tel un tricot serré, de la dernière vie à l'outre-tombe et de l'outre-tombe à la vie suivante.

Cosima descendit du tramway. Ophélia l'attendait. Ophélia avait l'éclat des belles âmes et portait souvent des bagues extraordinaires. Elle lui montra sa dernière acquisition. Une topaze étincelante et des petites émeraudes. Du jaune paille et du vert brillant. L'été.

— Ta bague me rappelle Saul. Un scénariste qui voulait faire un film à partir d'une histoire de cercueil volé. Il avait vécu dans un village du nord de l'Argentine où les habitants avaient passé des années à préparer le cercueil d'une grande femme généreuse prénommée Eliza. Belle et chaleureuse mais terrorisée par la mort. Elle avait obtenu des villageois qu'ils l'aident pendant des années à orner son cercueil. Ils y avaient peint une profusion de symboles colorés et l'avaient serti de pierres semi-précieuses et précieuses. Le cercueil était devenu si célèbre dans la région que le jour de la mort d'Evita Perón, le syndicat local vint le chercher pour l'offrir à la présidente. Les cris outrés des villageois et les pleurs d'Eliza n'empêchèrent rien. Une fois arrivé à Buenos Aires, le cercueil ne fut jamais utilisé mais la dernière demeure d'Eliza ne lui fut jamais restituée.

Cet épisode rendait parfaitement compte de ceux qui mettent une vie à préparer leur devenir et de ceux qui, faute de l'avoir préparé, bouleversent à l'improviste des préparatifs minutieusement planifiés. Les naissances peuvent elles aussi être préparées ou subies. Les consciences-que-nous-ne-connaissons-pas leur avaient souvent parlé de la précipitation et de l'inconséquence de nombreux esprits qui s'incarnaient précipitamment et des esprits minutieux et attentionnés capables de planifier leur programme de vie dans les moindres détails. Il ne s'agissait quasiment jamais d'intelligence mais de conscience. Les esprits les plus conscients préparent des programmes à leur mesure, des programmes qu'ils seront capables de tenir avec des familles accordées à leur vibration et à leurs talents. D'autres esprits, ceux dont l'heure approche mais qui refusent l'incarnation ou qui tentent en vain de la retarder, sont obligés de boucler leurs programmes dans la précipitation. Ce sont comme les clients qui arrivent en courant à la fin du marché, obligés de choisir à la hâte des restes avant la fermeture. Or, la manière dont nous revêtons notre vêtement à la naissance fait partie intégrante de notre programme et le détermine.

Nous sommes libres de le dessiner avec minutie et d'en réviser le moindre détail ou de nous habiller en puisant dans un stock de découpes abandonnées. Mais au-delà de ces attentions ou de ces carences, les consciences-que-nous-ne-connaissons-pas rappelaient sans cesse qu'il n'y a ni mauvais chemins, ni chemins parfaits, simplement des chemins différents. Ce qui est déterminant, ce n'est pas le choix du chemin mais le niveau de conscience de chacun. Ainsi, parmi ceux qui choisissent les découpes abandonnées, il y a les âmes patientes qui prennent le temps de faire un patchwork éblouissant et ceux qui n'en font rien. Entre le couturier Desigual et les renonçants cendrés indiens, il y aura toujours toute la gamme des possibles avec toutes les conséquences engendrées par des actions initiées dans la conscience ou l'inconscience.

Ophélia avait fait fortune en vendant des vêtements de la marque Desigual créée par un fripier suisse installé à Barcelone. Le rapprochement de son talent avec l'environnement créatif de la Catalogne avait conduit cet homme à assembler des fripes. Peu à peu, en les coupant, en les cousant, il créa Desigual, « inégal » en espagnol. Les consciences-que-nous-ne-connaissons-pas lui avaient dit à propos d'un cinéaste calabrais qui était né dans un grand dénuement : « La richesse naît de la pauvreté», Desigual en était l'exemple. Le patchwork ou l'inégalité, l'art du pauvre avait fait la richesse de Desigual.

Ophélia continua à lui raconter :

— Je vendais en trois jours le stock d'une saison et le premier été, les espaces de vente de Desigual passèrent de cinq cent vendeurs dédiés à mille. Les clients s'arrachaient les modèles. Puis les Chinois copièrent le style, la répétition lassa et les premiers clients enthousiastes se détournèrent de la marque. Aujourd'hui, Desigual évolue avec d'autres clients. La marque s'est déplacée de Barcelone à Berlin.

— Le choix du lieu est une composante importante de notre programme de naissance et de vie. Les lieux ne sont pas neutres.

Cosima avaient longtemps cru à la neutralité des lieux, mais elle avait compris un jour que les villages, les villes et les pays ont tous une vibration spécifique. Ce sont les costumes de la terre. Elle pensa aux fleurs des océaniens, aux Européens vêtus de noir ou de taupe, cette couleur qui fait fureur. Farrow & Ball l'a l'immortalisée. The mole's breath, cette haleine de taupe nous colle tous à la terre. Dieu dort. Regardons les taupes.

13. LES OISEAUX SONT DES RAYONS

À marée basse, les gens aiment se rencontrer et parler les pieds dans l'eau. Un gitan andalou qu'elles avaient déjà rencontré, promenait son chien blanc. Les pieds dans l'eau il nous parla des scénarios qu'on lui avait montrés dans d'autres espaces-temps : plusieurs scènes qui se jouent simultanément. Elles lui demandèrent si ces scènes pouvaient être comparées à la vision de Shakespeare qui a décrit le monde comme une scène de théâtre avec des portes d'entrée et des portes de sortie.

— Le jour où j'ai poussé par hasard la porte de l'autre monde j'ai eu l'impression de devenir fou. Ces différents scénarios simultanés qui ne sont séparés que par une membrane font exploser la tête. Je ne comprenais plus ni cette scène, ni les autres. J'ai ouvert cette porte sans le vouloir et depuis ma vie n'a plus jamais été la même. Je ne la comprends plus.

Aucune d'entre elles n'avait tenté de franchir la frontière qui retient les hommes dans leur dimension. Elles n'avaient jamais eu envie d'en découvrir d'autres et cet homme les avait confortées dans leur décision. Les déplacements volontaires dans les dimensions décrites par la physique des cordes comportaient des périls semblables à ceux de la magicienne qui jette un sort. Le fil rouge dans les contes de fées s'entortille autour d'un sortilège qui transforme les princes et les princesses en crapauds, grenouilles et autres créatures. Le sort paralyse le corps, alors simple manteau abandonné pendant le temps de l'incantation. Seul le baiser peut guérir ces vies en suspens. Le contact transformateur et guérisseur de l'amour exprime l'indispensable retour au corps pour pouvoir renouer avec la vie. C'est par le biais d'un contact corporel que nous retrouvons et conservons notre ancrage terrestre. Lorsque nous larguons les amarres et que le corps physique se trouve coupé de l'ancre qui l'amarrait à la dimension humaine, la liberté galactique peut devenir sortilège. Lorsque nous ne perdons pas l'ancre, la pluralité de nos consciences fonctionne de manière synchrone comme celle des oiseaux qui font souvent le lien entre ici et là-bas parce qu'ils savent passer de la trame visible à la trame invisible.

Cosima leur raconta l'histoire d'une colombe de Buenos-Aires. Hugo avait perdu son épouse un 7 août et depuis lors, tous les 7 août, une colombe venait se poser un instant sur son épaule. La première fois il avait murmuré malgré lui « Veronica ! ». Il savait que c'était celle, libre et pieuse qu'il avait toujours aimée. « Les colombes ne volent jamais jusqu'au quatorzième étage », avait-il dit à Cosima. Cosima ne connaissait pas les habitudes de vol des colombidés mais elle connaissait les tours du quartier moderne sans arbres ni oiseaux où vivait Hugo.

— Certains oiseaux savent porter des nouvelles heureuses et d'autres savent annoncer des décès.

Colombe avait souvent parcouru la plage du Cap Ferret avec tante Yvonne. Yvonne se promenait avec des sacs poubelle pour ramasser après la saison touristique les déchets échoués sur le sable. Les oiseaux la suivaient Un matin, à marée descendante, alors qu'elle recueillait plusieurs débris de plastique colorés, une nuée de mouettes fit un cercle autour d'elle. Les oiseaux marins ne cessèrent de voler en cercle et l'accompagnèrent avec une insistance singulière, jusqu'au moment où Yvonne, alertée par leur comportement, eu envie de rentrer chez elle. Elle entendit le téléphone. Sa fille Laurence venait de décéder à New York. En dépit d'un diagnostic qui ne laissait pas beaucoup d'espoir, Yvonne ne s'attendait pas à ce que la mort emporte aussi brutalement son aînée. L'issue du VIH était dans ces années là aussi méconnue qu'incertaine et Yvonne n'avait pas un instant songé à ce dénouement. Elle resta chez elle et couvrit de fleurs le lit de sa fille. Pendant les mois qui suivirent, elle pria tous les jours dans cette chambre. À neuf heures précises, l'alarme du vieux réveil mécanique sonnait tous les matins sans que personne n'en remonte le mécanisme. Cette sonnerie faisait partie de la prière d'Yvonne. Elle pensait souvent aux oiseaux qui l'avaient prévenue, à leur danse admirable et à leur rite mû par un lien insaisissable avec d'autres vibrations ou d'autres dimensions porteuses d'informations. La médiumnité ce n'était que cela. Cette vibration sereine qui nous relie en traversant tous les espaces-temps. Elle se présente. Nous pouvons rarement l'exiger, la demander. À la fin de l'hiver, un prêtre conseilla à Yvonne de ne plus retenir sa fille dans cette chambre et de mettre fin à son deuil. Après ce dernier rite, le réveil mécanique s'arrêta.

Colombe pensa à sa tante et à sa

mère qui l'avait prénommée en souvenir d'un tableau légué. Une annonciation avec une très belle colombe blanche. Si les oiseaux et les pasteurs avec leur brebis sont si souvent les acteurs d'épisodes prophétiques, c'est pour nous rappeler que l'accès à la médiumnité naturelle est ouvert à tous. Colombe savait que l'empathie est une mémoire de gratitude que nous portons et qui nous brûle les yeux.

Elle leur raconta les matinées passées avec Céleste Altagracia, une guérisseuse née en République Dominicaine

— Elle m'expliquait combien il est facile de lire dans une tasse de café, quelque chose qu'elle faisait naturellement depuis l'enfance. Elle m'enseignait des formes dans lesquelles je ne voyais rien parce que chaque vision extrasensorielle a sa propre scénographie culturelle mais depuis j'adore renverser les tasses de café et lire ces tracés toujours différents. Il y a de nombreuses façons de déchiffrer l'information donnée par les autres dimensions. Toutes valables. Des tarentulés italiens que le contact avec les anthropologues a détarentulisé aux chants Gnawas. Tout se lit. Toute la vie est une grande bibliothèque universelle de destins esquissés avec plus ou moins d'art. La Terre entière est un réseau de mémoires en dormance, de mémoires vives et d'histoires vécues. Un vol d'oiseaux, un rêve prémonitoire, un mot, une image, un nuage, tout se lit. La perception sensorielle est une empathie avec la vie que nous poursuivons dans une dimension éthérique qui survit sans maîtres ni écoles. Et la diversité de cette grammaire visionnaire est un trésor que nous devons partager dans un monde qui accélère l'abandon de la diversité. Le démembrement de la dimension métaphysique a réduit cet univers infini au périmètre d'un champ restreint et mal défini, celui des églises ou des cellules monacales. Mais la vision contemplative n'appartient pas au territoire d'une vie intérieure privée ou cloîtrée. La faculté contemplative est une expérience infiniment plus large. C'est la clé diurne qui permet de déchiffrer une réalité plus équitable et universelle.

14.   LES ESPRITS DE LA NATURE

— Les-consciences-que-nous-ne-connaissons-pas m'ont dit que les peuples sans soleil ont des forêts et des fées parce que les fées sont leur soleil.

Cybèle se souvint alors de sa première cabane dans un lieu encaissé au milieu de la forêt de Collserola, où elle avait pendant longtemps parlé avec les fées.

— Mes premiers contacts avec les fées étaient purement sensitifs. Je ne les voyais pas mais je sentais leur présence. Une présence éblouissante. Je traversais la forêt pour les rejoindre au bord du ruisseau. Je ne savais pas toujours comment me comporter avec elles. Je me limitais souvent à exprimer le souhait de vivre parmi elles, dans l'une des trois maisons qui bordaient le ruisseau sans trop savoir pourquoi elles me comblaient. Que leur dire ? Comment ne pas les ennuyer ? Que pouvais-je leur donner ? Les dictionnaires des folkloristes ne m'étaient d'aucun secours. Je cherchais des témoignages directs, une véritable anthropologie des esprits de la nature. Je découvris les récits des fondateurs de Findhorn, Ogilvie Crombie et Dorothy Maclean. Un matin, un panneau écrit à la main apparut sur la troisième et dernière maison : « Maison à vendre ». J'appelais sans tarder, sans savoir comment je pourrais financer l'achat de cette cabane blanche posée au milieu des fleurs de février sur un terrain circulaire et arboré. Siberia. Une zone naturelle emmitouflée dans des brumes matinales. J'adorais cette Sibérie fleurie et les flots bruyants du ruisseau qui traversaient la forêt méditerranéenne.

Les différentes pièces du scénario s'enchaînèrent jusqu'à son installation. Cybèle passa le premier jour du printemps à remercier les fées en repiquant des vivaces dans le jardin abandonné ; leurs présences lumineuses faisaient des rondes autour les fleurs, elles étaient là avec le chahut de la cascade en contrebas. Elles l'effleuraient. Cybèle aurait pu continuer à douter de la réalité de leur présence, parce que nous doutons tous de la présence de ces êtres invisibles et de leurs fréquences brouillées par la matérialité du monde, mais alors qu'elle n'avait osé parler à personne de ses conversations avec les fées, le lendemain, son amie médium Anna Teresa, n'hésita pas à lui dire :

— Hier, tu as passé la journée à parler avec les fées. Les fées n'existent que si les humains parlent avec elles

Après un instant de silence Anna Teresa ajouta :

— Les esprits de la nature protègent l'univers Terre, ils protègent les murs de la Terre. Le petit peuple mérite beaucoup de respect. Ils sont les représentants d'une force naturelle supérieure à laquelle les hommes peuvent avoir accès, mais qu'ils ne peuvent pas contrôler.

Les esprits de la nature sont comme les fleurs et l'eau. Ils apparaissent et disparaissent. Leur présence structure et nourrit notre faculté suprasensible et même si les dialogues sont incertains et difficiles à démontrer, nous savons que si ces messagers du subtil occupent tant de place dans l'imaginaire humain, c'est parce que nous avons beaucoup à apprendre de leur légèreté et de leur invisibilité. Les différences entre leurs gammes vibratoires sont très semblables à celles de nos langues. Chaque langue a une gamme de sons qui lui est propre et qui compose une vision spécifique du monde. Le français fonctionne sur une gamme de sons très concentrée comprise entre 125 et 2000 hertz alors que l'anglais se déploie sur une gamme qui commence à 2000 hertz et s'étale jusqu'à 12 500 hertz. Les gammes réduites peuvent être les garants de points de vue particuliers et singuliers alors qu'un spectre élargit peut avoir un spectre de possibilités plus large. Chacune des gammes présente des avantages et des inconvénients, mais aucune ne donne une perception neutre. Quelle serait la langue sur une Terre qui reprendrait sa première forme unicontinentale ? Un philosophe comme Maurice Blondel pouvait dire du temps où les nations avaient leurs particularités : « chaque peuple a comme une idée à faire vivre dans le monde ; c'est sa raison, c'est sa mission, c'est son âme. La grandeur des peuples tient au rôle qu'ils ont à jouer. Chacun, comme un organe dans le grand corps de l'humanité, absorbe la pensée des autres nations selon son propre génie, et la rend à la circulation comme une nouvelle richesse, différente en chacun et commune à tous.»

Les idéologies économiques en cours imposaient une nouvelle circulation intensive et brutale des biens et des ressources de tous les continents, comme si la Terre était redevenue Pangée sans la sérénité ni les valeurs de Pangée. Nous acceptons l'emprise d'une forme de totalitarisme symbolique, car si la Terre a encore plusieurs continents, c'est pour assurer une diversité nécessaire au psychisme humain. Si nous n'avions plus qu'un système unique mondialisé, l'humanité fermerait les yeux et se désintéresserait du monde. Ce désintérêt ou fatigue du monde commence à interroger les chercheurs. Tristan Garcia a montré comment l'intensité, cette valeur magique des européens qui leur promet une vie toujours plus rapide et électrique, un toujours plus des mêmes choses, s'est substituée aux promesses de l'au-delà. L'entrée dans l'ère électronique est un seuil symbolique qui marque une désincorporation, une distance et un épuisement. Le corps surexcité de l'ère électrique laisse la place au corps froid, casqué et peu enclin aux émotions de l'ère électronique. En recourant à la pensée symbolique Tristan Garcia a détecté l'essentiel de notre problématique actuelle, cet épuisement qui nous guette. L'économiste Thomas Grjebine, spécialiste de macroéconomie internationale, de macroéconomie monétaire et chercheur au CEPII décrit ce que la perception populaire ressent, depuis 1980 l'économie ne fonctionne plus qu'en créant des bulles.

Colombe écoutait Cybèle tout en

regardant des clichés de cartographie cérébrale et ajouta :

— C'est aussi à partir de 1980 que les ingénieurs agricoles ont commencé à constater l'épuisement de l'humus des terres agricoles. Nous ne pourrons pas continuer à tout épuiser sans nous épuiser. Tout comme nous ne pourrons pas continuer à contaminer l'eau et l'air sans nous contaminer ou à multiplier les photocopieurs sans nous répliquer. Toutes les actions humaines engendrent une démultiplication symbolique. L'élevage intensif et la souffrance vécue dans les abattoirs industriels nous préviennent. La chercheuse Jocelyne Porcher a montré comment l'homme est toujours devenu une bête de somme pendant les périodes où il a traité les animaux comme des bêtes de somme.

Cybèle précisa :

— Ce démultiplicateur symbolique n'est jamais analysé. Or c'est en analysant les conséquences du démultiplicateur symbolique que nous trouvons les solutions à nos difficultés Notre espèce est essentiellement mimétique La mission du petit peuple est de nous baigner les yeux et la conscience avec d'autres fréquences.

Colombe poursuivait son examen de

cartographie cérébrale :

— En sachant que nos cerveaux trient l'ensemble des données perçues avec des filtres de lecture façonnées par notre réalité culturelle, historique, économique et familiale, nous devrions prêter une attention toute particulière aux données que l'on ne nous apprend pas à voir et à celles que la nation, les institutions, la scolarité ou les médias omettent de transmettre. Les Sciences de l'Éducation devraient donner une place incontournable à la cartographie cérébrale. L'analyse de notre propre cartographie cérébrale, nous permettrait d'identifier concrètement et par nous-mêmes, les circuits expérimentés et les champs les plus dysfonctionnels. Ceux laissés en jachère donneraient à l'apprenant des objectifs clairs à atteindre et permettraient de limiter un formatage stéréotypé de la pensée et de l'apprentissage. La cartographie cérébrale permettrait d'évaluer ce que nous voyons, qui n'est souvent que la reproduction fidèle de ce que l'on nous a appris à voir. Quels sont les filtres et les échelles que nous utilisons ? Quelle sont les profondeurs que nous atteignons ? Quelles sont les superficies que nous couvrons ? Quels sont les filtres, les mots, les concepts, les compétences les plus fréquemment utilisés ? Le temps de l'apprentissage devrait en priorité identifier les faiblesses des cartographies cérébrales individuelles pour prévenir les manques en développant les prédispositions. Les esprits de la nature si présents dans l'imaginaire et les récits de l'humanité, devraient nous amener à analyser les différentes fréquences.

Elles passèrent en revue la biologie des yeux, la vision de l'abeille, de la libellule, du python et des oiseaux qui voient les ultraviolets que nous ne voyons pas.

— Nous répliquons les structures qui nous constituent. La vision humaine fragmentée en bâtonnets et en cônes a une composition binaire comparable au système de numération binaire des ordinateurs. La composition binaire s'adapte particulièrement bien à la forme rectangulaire et l'œil humain apprécie naturellement le rectangle qui correspond à sa vision en grille, d'où l'échec des premiers ordinateurs avec des écrans ovales. Cette confusion entre ordinateurs et miroirs indique notre propension au mimétisme. La biologie de l'œil charpente notre vision. Celle des fées et des elfes charpente la leur. Aucune n'est complètement fausse. Certaines sont plus fines et complexes. Nous avons basé notre perception de la vie sur un organe visuel dont le spectre est plus réduit que celui de l'abeille et culturellement extrêmement malléable.

15. SOURCIERS ET RADARS BIOLOGIQUES

Colombe travaillait sur la cartographie cérébrale des perceptifs. Devrait-on assimiler la perception au radar corporel de certains animaux ? Qu'est-ce qui différencie les formes de perception peu fréquentes des formes les plus répandues ? Les sourciers synthétisent ces formes de perception rares. Elle n'y avait pas pensé d'elle-même. C'est la rencontre avec un sourcier qui utilisait sa colonne vertébrale pour déterminer la profondeur des veines d'eau qui l'avait interpellée. Ce sourcier avait sept frères. Tous avaient la même capacité. La vibration d'une vertèbre suivant sa position dans la colonne vertébrale leur permettait de déterminer la profondeur de la veine d'eau. Toute la fratrie avait le don de l'eau.

Colombe cherchait à savoir si les sourciers qui ont une sensibilité particulière pour le magnétisme de l'eau sont des clairsentients ou ne le sont pas car la capacité du sourcier pour lire les flux d'énergie qui émanent de l'eau, ressemblent beaucoup à la faculté psychométrique des clairsentients. Les clairsentients ont des corps qui identifient volontairement ou involontairement les courants émotionnels et les vibrations éthériques.

La psychométrie ou clairsentience est l'une des formes précognitives les plus polyvalentes et exactes. Le clairsentient peut recevoir une mise en garde, des indications, lire la mémoire résiduelle d'un espace, trouver de l'eau ou percevoir des présences invisibles en déchiffrant ses sensations physiques. Le corps fonctionne comme un radar qui filtre et émet un signal d'alerte spécifique. La chair de poule, à mi-chemin entre l'émotion et la perception, en témoigne.

Certes la biologie des émotions diffère des réactions physiologiques de la perception. L'émotion, est une réponse immédiate qui induit une accélération du rythme cardiaque et une privation d'oxygène. La perception, enregistre des empreintes vibrationnelles et amplifie les informations sensitives filtrées par le corps physique.

Les sourciers ont cette faculté. Ils ressentent des fourmillements ou un picotement sur la pointe des doigts. Le sourcier Silvino le décrivait ainsi : « Le secret n'est pas dans les outils mais dans la personne. Vous devez avoir du magnétisme pour percevoir l'eau, son énergie. Pour localiser les aquifères, il faut comme dans le cas du médium une grande concentration, ne penser à rien, beaucoup de tranquillité et être bien détendu pour sentir l'énergie de l'eau » Silvino faisait remonter cette faculté de concentration pour localiser les eaux souterraines aux moines. La capacité contemplative des moines en méditation les rendaient capables de percevoir le rayonnement de l'énergie positive et négative émise par différents corps. Comme n'importe quelle faculté humaine, elle se développe lorsque nous en sommes conscients et que nous l'utilisons. La célèbre radiesthésiste Elisabeth Diederichs qui pouvait localiser des puits et indiquer à partir d'un petit avion à dix kilomètres d'altitude le nombre de litres d'eau et leur profondeur, indiquait que cette sensibilité extrasensorielle pour capter les radiations peut tellement se développer qu'il devient possible de définir exactement la largeur et la direction des veines d'eau.

De nombreux professionnels pensent encore aujourd'hui que l'homme est l'instrument le plus fin qui existe pour déterminer l'existence de rivières souterraines, parce qu'il peut sentir le rayonnement jusqu'à des profondeurs de plusieurs milliers de mètres, tandis que les instruments électroniques les plus sophistiqués n'arrivent pas à franchir les rochers pour mesurer les veines d'eau :

« Il y a des veines d'eau partout, même minuscules, elles émettent des vibrations de 0 à 10 hertz par seconde. Quand nous dormons, notre cerveau vibre à 4 hertz. Les veines d'eau qui émettent une vibration de 10 hertz sont dangereuses pour la santé » (Elisabeth Diederichs).

Colombe relisait les dizaines de témoignages qu'elle avait rassemblés.

« Le devin doit être sensible pour pouvoir capter les petites réactions électriques des eaux souterraines qui se détectent lorsque les eaux frictionnent leurs molécules et génèrent une électricité négative qui monte vers la terre. » (Hector Koller).

Les définitions de ces praticiens lui avaient permis d'établir que les émotions mal gérées émettent un type de vibrations similaires aux vibrations de 10 hertz par seconde dont parlent les radiesthésistes.

Ceux qui détectent les émotions d'autrui ont des capacités psychiques très semblables à celles des sourciers qui détectent les courants d'eau souterrains. L'énergie de l'eau et l'énergie éthérique semblent utiliser des récepteurs physiques très similaires. Les veines émotionnelles qui imprègnent nos espaces de carences ou de faiblesses ont un effet comparable à celui des veines d'eau.

Les tables de correspondance des médecines naturelles et de l'acupuncture chinoise pour qui tout est une question de relation entre différents éléments, ont toujours établi une correspondance entre l'élément eau et les émotions. L'élément eau mal géré crée des émotions stagnantes. L'eau en mouvement régénère les émotions et les transmute en sensations. Les sensations sont des émotions travaillées qui au lieu de submerger l'individu lui permettent de ressentir le réel tout en le maintenant à distance. Les sensations sont l'octave supérieure des émotions.

Nous avons un radar et des vestiges de ce radar, il nous reste la chair de poule et d'autres manifestations physiques. Nous pouvons tous activer ce radar abandonné mais la clairsentience n'est pas un processus précognitif agréable, elle n'éblouit ni la rétine comme le fait la clairvoyance, ni l'ouïe comme le fait la clairaudience. Les filtres d'un radar qui se chargent et s'abîment ont une nature peu magnétique. La psychométrie n'en est pas moins réelle. La première acception du terme psychométrie date d'une description publiée en 1849 par son inventeur, Joseph Rodes Buchanan, dans le « Journal of Man ». Ce professeur, doyen de quatre Collèges de médecine américains et célèbre philosophe spiritualiste poursuivit ses recherches en rassemblant dans son Manuel of Psychométrie (1886) des études sur les capacités de certains sujets à percevoir, de manière extrasensorielle, des informations relatives à des lieux dans lesquels ils se trouvaient ou d'objets qu'ils touchaient.

Cette accointance naturelle du 19e siècle avec la médiumnité avait amené le siècle à mieux comprendre que ne le feront les suivants le thème de l'hypersensibilité. La connaissance et la reconnaissance de l'hypersensibilité des médiums, conduisait l'entourage à leur éviter les tracas ordinaires en leur assurant un environnement serein et protecteur. L'époque comprenait que l'hypersensibilité a des paramètres propres, des avantages et des inconvénients. Depuis, nous ne réfléchissons pas plus aux conséquences de l'hypersensibilité qu'à l'influence de la densité urbaine sur la psyché humaine. Colombe avait tenté plusieurs fois en vain d'intéresser les médecins au thème de l'hypersensibilité. L'étude de l'hypersensibilité, elle en était certaine, donnerait une nouvelle compréhension de la santé et révélerait d'importantes capacités individuelles d'auto-guérison.

L'inconfort physique causé par ces sources externes d'information qui conduit les autres à penser que le clairsentient a des réponses inadéquates ou exagérées explique pourquoi ces extra-sensoriels ont un besoin impératif de tranquillité Le perceptif évolue au rythme des émissions vibrationnelles et des ondes électromagnétiques avec la minutie d'un radar-récepteur qui ne baisse jamais la garde. Les environnements paisibles compensent le mouvement constant de cette biologie fluviale.

Les organismes psychométriques ont très peu de ressources pour maintenir un niveau d'énergie élevé et constant tout simplement parce que les facteurs qui affectent les grands perceptifs ne sont ni reconnus, ni mesurés. Les athlètes de haut niveau reçoivent quotidiennement des soins intensifs, mais le perceptif de haut niveau dérange parce qu'il détecte ce que les coutumes sociales et les normes en vigueur veulent occulter. Ainsi, le corps du clairsentient reçoit, absorbe et réfléchit une matière harmonieuse ou désaccordée, des faits dissimulés ou des pensées refoulées. Ces informations qui ne lui appartiennent pas sont perçues par le corps éthérique puis réfléchies dans le corps physique :

> Les fluides étant le véhicule de la pensée, celle-ci agit sur les fluides comme le son agit sur l'air ; ils nous apportent la pensée comme l'air nous apporte le son. On peut donc dire, en toute vérité, qu'il y a, dans ces fluides, des ondes et des rayons de pensées, qui se croisent sans se confondre, comme il y a dans l'air des ondes et des rayons sonores. (Allan Kardec, La Genèse)

Cybèle l'écoutait et leur raconta l'histoire de Marthe :

— Marthe était née pendant la guerre. Un soir, à l'heure du couvre-feu, la vitre arrière du taxi chargé d'emmener sa mère à la maternité fut traversée par une balle. La deuxième guerre mondiale venait de commencer. Cette balle faisait encore pleurer Marthe. Ce qui la submergeait n'était pas la dureté des circonstances vécues par sa mère, mais son propre vécu, sa vie qui depuis sa naissance semblait porter l'empreinte de ce plomb. Et en effet ce coup de feu qui aurait pu n'être que la synthèse de circonstances historiques collectives, avait révélé par anticipation le caractère de Marthe et peut-être sa propre histoire. Marthe vivait imprégnée de réminiscences militaires passées qu'elle aurait gagné à transcender. Elle rêvait depuis son plus jeune âge de combats, de guerres et de grandes victoires. Un jour elle confia le plan de sa maison à un spirite réputé qui ne la connaissait pas. Il y trouva deux esprits errants, deux militaires décédés pendant la grande guerre, perdus et brouillés. Il les éleva et dégagea la maison sans lui dire que la vie ne cesse de refléter la vibration de notre âme. Cette empreinte comme toutes les empreintes, exprimait une accordance, une résonance. Le cœur de Marthe était pareil à cette vitre de voiture traversé par du plomb. Blessée, elle n'admirait que sa propre capacité à combattre. Un thérapeute aurait effacé cette balle de sa mémoire, aurait dévié sa trajectoire. Une âme contemplative aurait remercié un saint ou une sainte de l'avoir protégée. Marthe aurait pu penser qu'elle était une miraculée mais le miracle n'avait pas retenu son attention.

Nous choisissons des lieux-miroirs qui reflètent les carences et les forces de nos vies. Parfois les lieux s'abîment. Nous pouvons y rester, les quitter ou les réparer. En savons-nous beaucoup plus depuis les recherches d'Allan Kardec ? :

> « Si les effluves sont de bonne nature, le corps en ressent une impression salutaire ; si elles sont mauvaises, l'impression est pénible ; si les mauvaises sont permanentes et énergiques, elle peut déterminer des désordres physiques : certaines maladies n'ont pas d'autre cause. Les milieux où abondent les mauvais Esprits sont donc imprégnés de mauvais fluides que l'on absorbe par tous les pores périspritaux, comme on absorbe par les pores du corps les miasmes pestilentiels. » (La Genèse, 14e chapitre).

La faculté psychométrique est à la fois une chance et une malédiction, car à l'opposé des facultés qui fonctionnent avec la vue et l'ouïe -des sens bien identifiés- la psychométrie fonctionne avec la totalité du corps, ce support si mal compris. Les consciences-que-nous-ne-connaissons-pas leur avaient dit : « Les corps intuitifs savent ce qu'il leur faut ; la différence entre les corps intuitifs et ceux de la majorité des individus, c'est que les corps intuitifs donnent l'alerte et s'arrêtent avant de tomber malade, alors que les autres, sont arrêtés par la maladie » Les clairsentients le savent. La clairsentience donne de grandes joies et permet de constater avec émerveillement cette capacité constante du corps à donner l'alerte mais cette vulnérabilité éthérique et physique sans cesse bouleversée par des faits prosaïques qui pour d'autres ne sont que bagatelles, demeure incomprise.

Nous faisons une confiance absolue au cerveau qui ne retranscrit qu'une partie simplifiée de la réalité, et nous nous méfions de la sagesse du corps parce que nous lui attribuons des émotions capricieuses et des maladies imaginaires. Mais le corps n'imagine pas, le corps exprime. C'est un baromètre extraordinairement fiable. La médecine ferait des découvertes importantes si elle s'intéressait à ce talent informatif du corps. L'accordance consciente du corps et de l'esprit active l'auto-guérison. L'auto-guérison, c'est un ensemble insoupçonné de ressources innées où nous pouvons tous puiser pour commander notre santé. Les consciences-que-nous-ne-connaissons-pas lui avaient dit qu'il n'y avait que 1% de la population qui avait des problèmes de santé sans issue. Plusieurs études ont démontré la faculté du corps humain à produire la plupart des médicaments. Les études sur ce sujet indiquent que pour la moitié d'entre nous, cette capacité serait innée. Colombe l'avait tant de fois vue à l'œuvre.

À l'inverse du rêve qui ne peut ni élaborer ni transmettre un message instantanément parce que les séquences visuelles requièrent un temps d'élaboration plus ou moins long et une bonne capacité à la fois de réception et de restitution, le langage du corps nous alerte de manière immédiate et sans équivoque. Le corps est capable, bien au-delà des paroles et des images, de percevoir l'hypocrisie, les artifices et les affabulations. Il sait nous donner des informations claires et concises, il suffit d'y prêter attention et de savoir déchiffrer la grammaire corporelle. Il s'agit rarement de quelque chose d'extraordinaire. Il s'agit simplement de lire en toute simplicité les signes de nos radars plusieurs fois millénaires qui luttent sans répit pour sauver notre peau. Nous avons un radar aussi perfectionné que celui des chauves-souris ou des requins. La différence entre le radar des mammifères et le nôtre, c'est que nous en ignorons l'existence et le fonctionnement. Le signalement des environnements dysfonctionnels ne nous intéresse pas. Nous ne savons pas non plus pourquoi certains radars sont très grossiers et laissent tout passer, et pourquoi d'autres sont très sensibles et détectent un grand nombre d'irrégularités sur une planète où ce type d'avertissements ne se lisent pas et importent peu.

Colombe continua à leur lire un autre passage de La Genèse :

Une assemblée est un foyer où rayonnent des pensées diverses ; c'est comme un orchestre, un chœur de pensées où chacun produit sa note. Il en résulte une multitude de courants et d'effluves fluidiques dont chacun reçoit l'impression par le sens spirituel, comme dans un chœur de musique chacun reçoit l'impression des sons par le sens de l'ouïe. Mais, de même qu'il y a des rayons sonores harmoniques ou discordants, il y a aussi des pensées harmoniques ou discordantes. Si l'ensemble est harmonieux, l'impression est agréable ; s'il est discordant, l'impression est pénible. Or, pour cela, il n'est pas besoin que la pensée soit formulée en paroles ; le rayonnement fluidique n'existe pas moins, qu'il soit exprimé ou non.

Cybèle lui fit part d'une rencontre dans un train qu'elle n'avait jamais oubliée. Elle avait voyagé à côté d'Elvira, une femme de quatre-vingt-dix ans avec une peau mate magnifiquement lisse. Elvira, qui attribuait cette belle vieillesse à son pays l'Équateur, lui avait raconté pendant toute la durée du trajet dans un train bondé, des dizaines d'histoires avec une belle douceur. En arrivant à destination, l'oxygène dans le wagon s'était raréfié, mais Cybèle descendit sur le quai avec un inoubliable sentiment d'euphorie. Nous aimons tous dialoguer avec des centenaires extraordinaires. Elle s'était retrouvée à côté d'Elvira peu de temps après avoir écrit un article sur Vilcabamba, cette vallée équatorienne connue pour ses centenaires. Elle espérait qu'un jour nous saurions accorder la beauté des très jeunes et des très âgés. La publicité avait séparé les âges en créant des générations et en les opposant les unes aux autres, en créant de la dualité alors que l'entrelacement des âges créé une accordance productive et heureuse des générations. Une rencontre consciente et volontaire entre vitalité et sagesse garantirait un fonctionnement équilibré du corps social.

16. L'ESPACE DES RÊVES ET CELUI DE LA MORT

Elle venait de comprendre que lorsque les vivants s'endorment et rêvent, ils ouvrent une porte semblable à celle que poussent les morts. Ni plus ni moins grande. Quasiment la même. Cybèle s'était assise à côté d'elle.

— Les rêves nous garantissent des parcours infiniment diversifiés et des expériences spirituelles auxquelles nous n'avons accès que pendant ce temps particulier du sommeil. Les rêves sont des garants de diversité et une voie de communication directe avec les autres dimensions. Mais hier, mon rêve n'avait pas de scénario, on m'a simplement montré la matérialité de la mort : « Voilà, c'est ça la mort », m'as-t-on dit.

Cosima n'avait jamais pensé que le passage de l'état de veille à la dimension onirique puisse être si pareil à celui de la mort. La capacité à faire des voyages entre le monde ordinaire et l'autre l'avait toujours fasciné. Elle avait passé l'enfance à se précipiter la nuit dans les rêves, à les appeler, à s'y enfouir et ramenait de ces séjours colorés une conscience plus sensible et une joie plus vive dont la rémanence illuminait ses journées. Aucun contenu diurne n'avait d'équivalent avec ces voyages pendant lesquels des êtres silencieux et lumineux l'accompagnaient et lui donnaient des indices sur les jours à venir. Les nuits qui se déroulaient sans messagers de l'autre monde lui semblaient pauvres et ternes. Elle se réveillait à l'aube sans ce surplus de vitalité et d'éblouissement que lui donnaient les maîtres oniriques les nuits où ils étaient là. Mais c'était la première fois qu'on lui montrait à quoi ressemblait la mort. La mort c'était comme l'entrée dans un rêve, ce n'était que cela. Un espace impalpable dématérialisé où nous ne perdons rien. Que perd-on dans les rêves ? Rien. Elle n'y avait jamais pensé. Elle venait de le percevoir, de l'entrevoir, de le voir. Les rêves construits, ceux d'où l'on revient ravi, sont un aperçu quotidien de l'au-delà. Ces déplacements dans un ailleurs que nous ne connaissons pas sont une gymnastique pour le corps fluidique, les gammes de ce corps vital qui peut traverser l'espace-temps, insaisissable dans sa description comme dans son vocabulaire, tantôt aériforme, médiateur plastique, fantôme posthume, corps lumineux, subtil, éthéré, corps spirituel ou corps astral:

> Aucune matière ne lui fait obstacle ; il les traverse toutes, comme la lumière traverse les corps transparents. C'est pourquoi il n'est pas de clôtures qui puissent s'opposer à l'entrée des Esprits ; ils vont visiter le prisonnier dans son cachot aussi facilement que l'homme qui est au milieu des champs. (Allan Kardec, Le Livre des Médiums, 106e réponse)

Cosima s'arrêta un instant. Elle avait tant rêvé sans jamais penser à la similarité de texture entre l'espace du rêve et l'espace post-mortem des vivants.

— Qui m'accompagne ?, avait-elle demandé aux consciences-que-nous-ne-connaissons-pas

— Les Maîtres Oniriques. Personne ne nous a jamais posé cette question, avaient-elles répondu.

Les Maîtres Oniriques ? La réponse ne l'avait pas étonnée. Au terme de ces parcours, lorsque les Maîtres Oniriques la quittaient à l'aube, elle retrouvait un corps encore ensommeillé mais comblé de souvenirs et ébloui. Elle n'avait pourtant jamais établi de correspondance entre ces

Maîtres oniriques qui l'emmenaient dans un espace-temps lumineux et introuvable et cet instant particulier où les vivants franchissent le seuil qui sépare la vie de la mort.

Cette vision l'avait bouleversée. Elle l'avait vu avec la même clarté qu'on avait jadis montré à Elias Howe, l'inventeur de la machine à coudre, comment tracer la boutonnière de l'aiguille.

Cosima avait un manuscrit de rêves. Des rêves prémonitoires, des rêves historiques et d'autres rêves. Elle aurait voulu devenir animatologue. Un champ de recherche dédié à la dimension spatiale de nos corps éthériques. Notre compréhension de l'univers dépendait directement de notre compréhension de l'univers onirique. En 1845, Elias Howe essayait d'inventer une machine à coudre. Il avait glissé quantité de tailles et taillons d'étoffes sous l'aiguille de sa future machine à coudre sans succès. Quelle forme devait-il donner à l'aiguille ? Une aiguille avec deux extrémités pointues et la boutonnière au milieu ? Il cherchait sans trouver. On lui donna la clé dans un rêve. Les indiens d'Amérique avaient dansé et redansé autour de lui avec des lances. En les observant, il vit que toutes les lances avaient un trou près de la pointe. Quand il se réveilla, il comprit que le rêve lui avait montré ce qu'il devait faire avec l'aiguille, créer la boutonnière à proximité de la pointe de l'aiguille pour permettre au fil d'être tiré à travers le tissu. La machine à coudre était née.

Elle trouvait ce rêve formidable. Il y en avait beaucoup d'autres. Celui d'Otto Loewi, prix Nobel de médecine en 1936, ceux du chimiste allemand Friedrich August Kekule von Stradonitz qui fit deux découvertes chimiques majeures grâce à ses rêves, ceux de Srinivasa Ramanujan (1887-1920) l'un des plus grands génies mathématiques de l'Inde qui recevait en dictée le résultat d'équations compliquées. Mais elle aimait plus que tout autre le rêve de cette enfant de famille d'esclaves née un 23 décembre 1867 en Louisiane.

Elle le leur raconta :

— Madame C.J. Walker fût la première de sa famille à naître libre et la première femme américaine à fonder et à diriger une entreprise de cosmétiques avec laquelle elle devint millionnaire après avoir perdu quasiment toute sa chevelure. Une nuit, à bout de ressources la jeune fille sans cheveux, pria avant de s'endormir en demandant une guérison et elle rêva. Un homme noir vint lui donner une recette. Au réveil, elle l'écrivit. Certains des ingrédients ne pouvaient être trouvés qu'en Afrique. En

1890, les échanges entre la Louisiane et l'Afrique n'étaient pas aisés mais Sarah suivit toutes les indications données par le rêve, rassembla avec la minutie d'un chimiste les ingrédients indiqués, fabriqua la mixture et l'essaya. Le résultat fut immédiat. Elle retrouva sa chevelure. Puis Elle fabriqua un baume qu'elle demanda à ses proches d'essayer. Ces derniers se montrèrent si enthousiastes qu'elle décida de commercialiser la formule. Le succès fut immédiat et Sarah se retrouva en peu de temps à la tête d'une entreprise afro-américaine. Cet activiste infatigable fit fortune, et poursuivit une œuvre de philanthrope jusqu'à sa mort en 1919. C'est la composition du baume telle qu'elle lui avait été donnée dans le rêve qui lui permit de guérir et de mener à bien son entreprise mais ce furent sa faculté contemplative et sa résilience qui la conduisirent à importer des ingrédients inconnus d'Afrique. Cette coopération bi-directionnelle est caractéristique des consciences-que-nous-ne-connaissons-pas qui tout en nous demandant de ne pas dépendre d'eux, nous assistent et nous guident dans des œuvres terrestres que nous devons être capables de mener à terme en pleine indépendance et en toute conscience.

Les rêves prémonitoires ne sont

jamais des fictions. Ces rêves apportent des solutions concrètes et immédiates. En fait, les consciences-que-nous-ne-connaissons-pas évoquent très rarement le futur et nous recentrent quasiment toujours sur le présent en nous donnant des éléments très précis que nous devons utiliser dans l'instant où ils nous sont donnés : «Tout à un temps. Si vous ne saisissez pas l'opportunité lorsqu'elle se présente, la porte se referme et ne s'ouvrira plus. Le temps est un marqueur terrestre. Dans notre dimension le temps n'existe pas. Vous avez le Temps et nous avons la Liberté. Sur Terre la liberté n'existe pas », leur avaient-elles dit.

Les rêves éclairés sont le résultat d'un contact avec l'Autre Dimension mais la finalité de ces rêves est plurielle. Certains permettent simplement de mieux dire adieu comme le célèbre rêve du président Abraham Lincoln qui rêva sa mort. Quelques jours avant son assassinat, il rêva qu'il entendait des sanglots tamisés. Le bruit des sanglots le poursuivaient entrecoupés d'un silence étrange. Il traversa le rez-de-chaussée de la Maison Blanche à la recherche des pleurants mais ne vit personne. Il passa de chambre en chambre de plus en plus tourmenté par le bruit des sanglots. Toutes les pièces étaient éclairées, tous les objets lui étaient familiers. Il continua à chercher les personnes en larmes. Où étaient-elles ? L'inquiétude le gagnait. Quel était le sens de cette déambulation scandée par des pleurs ? Pour comprendre ce qui lui semblait si énigmatique, il continua son chemin jusqu'à la salle Est où il entrevit un catafalque gardé par des soldats. Il regarda le cadavre habillé en tenue de funérailles. Face au mort, une foule avec des visages couverts de larmes se serrait dans une salle comble : « Qui est mort à la Maison Blanche ? » demanda-t-il aux soldats. L'un d'eux lui répondit : « Le Président, il a été assassiné». Le chagrin des personnes présentes mêlées à un coup de feu, le réveilla.

— Parfois les images voyagent et viennent à nous, et parfois nous allons les chercher. Les rêves prémonitoires éclairent le fonctionnement de nos existences. Ce rêve qui aurait dû provoquer une réflexion sur la manière dont nous écrivons l'histoire, n'a jamais dépassé le statut de l'anecdote. Un trop grand nombre de personnes pleurent la mort sans la connaître. Au fur et à mesure que nous cryptons la vie avec des algorithmes, nous nous éloignons toujours plus de la mort. La mathématisation de l'existence et de l'espace-temps n'assure ni une meilleure préparation à la vie terrestre, ni un accès compréhensible aux enjeux révélés par ces équations. La mathématisation de l'existence telle que nous l'utilisons est une croyance. Un simple transfert de sacralité. L'exclusion délibérée des paramètres humains suprasensibles en faveur d'une connaissance chiffrée, détruit le vivant. Les consciences-que-nous-ne-connaissons-pas leur avaient souvent dit : « tout est mathématiques dans l'univers mais la mise à l'écart du cœur anéantit la vie ». Les mathématiques, la perception humaine, les rêves, la vie et la mort sont autant de notes sur une portée. Il suffit de les accorder pour renouer avec la fugue de nos existences.

17. LA SCIENCE DES ACCORDANCES

Cybèle travaillait au développement d'une Science des Accordances dont le principe consistait à créer des accords et des concordances entre des corpus de connaissances isolées et à maintenir un équilibre entre toutes les disciplines car pour que l'ensemble du corps social fonctionne, aucune discipline ne doit en dominer d'autres. Des avancées importantes naissent dès que l'on établit des accordances entre spécialités en apparence « discordantes ». La Science des Accordances n'est pas une simple transversalité disciplinaire mais l'entrelacement de deux ou plusieurs compétences dans le but d'obtenir des réponses impensées à des diagnostics en attente de solutions.

— Chaque groupe de disciplines aurait sa propre Science des Accordances qui se relierait aux Autres. Ainsi par exemple, la Science des Accordances des

Sciences de la Vie, demanderai à l'ensemble des différentes spécialités de prendre en compte toutes les échelles du monde vivant y compris la réparation du corps social. La biochimie, la biologie moléculaire, la biologie et la physiologie des plantes et des animaux, la génétique, la microbiologie, l'immunologie, la biologie cellulaire, les neurosciences, la chimie, la génomique, l'imagerie biologique et la bio-informatique devraient s'auto-assigner des objectifs socio-économiques. Nous ne pouvons pas déléguer à la science l'avancement du monde sans lui demander de participer à sa réparation. Un entrelacement des échelles et des disciplines des Sciences de la Vie avec les Sciences Humaines et Politiques permettrait d'atteindre cet objectif. Si les sciences du vivant dissèquent l'infiniment petit elles doivent par extension pouvoir disséquer le monde à l'échelle humaine pour apporter leur contribution à la compréhension des maladies économiques et des maladies sociales.

Cybèle leur donna l'exemple de la greffe.

— Les hématologues ont constaté que la bonne qualité des cellules n'a aucune incidence sur la réussite de la greffe. Même avec les plus belles cellules, si les cellules du donneur ne sont pas compatibles avec celle du receveur, la greffe ne prend pas. Si la greffe et les problèmes de compatibilité sont l'un des problèmes les plus difficiles à résoudre en médecine, comment la Science Économique a-t-elle pu envisager avec tant de légèreté une mondialisation qui impose des lois identiques à un ensemble de nations ? Et comment l'Union Européenne a-t-elle envisagé sa prospérité sur la base d'une destruction de la diversité territoriale au sein d'un ensemble de territoires dont la valeur résidait dans une production culturelle et économique spécifique ? Les problèmes de rejet ont été largement sous-estimés. La médecine arrive à traiter les rejets spectaculaires, c'est-à-dire suraigus ou aigus, mais le rejet chronique qui s'installe insidieusement au cours du temps et aboutit à la perte progressive des fonctions de l'organe greffé, reste la principale cause d'échec des transplantations.

— Un rejet chronique entraîne la déconstruction des pays greffés.

— Les institutions politiques commettent des erreurs que la médecine a identifiées depuis longtemps. D'où la nécessité d'accorder la médecine à la Science Politique et à l'économie. Sur un corps social en souffrance, les biothérapies ont très certainement plus de choses à nous apprendre que l'économie et la politique dont le mode de fonctionnement produit bien plus de décisions idéologiques que de diagnostics, de protocoles de guérison et d'évaluation des remèdes appliqués. Les modèles de gouvernance sont appliquées en dehors de toute évaluation scientifique. L'Europe a-t-elle rendu plus heureux et prospères les territoires à qui l'adhésion à l'Union Européenne impose une mise en concurrence impitoyable sous un drapeau commun ? Le manque d'empathie pour des citoyens épuisés en situation de concurrence déloyale et pour des écosystèmes appauvris de plus en plus morcelés par des axes de communication où circulent les produits de cette union en tension conduira à la crise cardiaque de l'hypertendu ou au désintérêt du dépressif qui abandonne le combat.

— La fonction ultime des pratiques et des fonctions contemplatives est de contribuer par la vision empathique et compassionnelle à éclairer le monde. Si la Science des Accordances remplaçait toutes les propositions idéologiques par des projets écosystémiques, elle pourrait transformer en profondeur les modes de fonctionnement du corps social. Dans l'état actuel des connaissances, les physiciens s'accordent pour dire que l'univers semble être constitué de 4% de matière visible et de 96 % de matière invisible. Le corps humain répond très probablement à un pourcentage identique, 4 % de matière visible et 96% de matière invisible d'où l'importance d'une pratique contemplative qui développe une posture réflexive et synchrone du visible et de l'invisible. La transcendance ce n'est que cela. Cette partie d'invisible à qui les cabalistes ont donné dix noms, à qui les musulmans ont donné quatre-vingt-dix-neuf noms et que les catholiques ont décomposé en trinité faute de pouvoir l'appréhender.

Pendant toutes ces explorations de la vision extrasensorielle, elle avait rencontré des talentueux des sciences prédictives. Ces personnes étaient à la fois analytiques et empathiques. Leurs connaissances et leurs perceptions en faisait de fabuleux baromètres. Des nord magnétiques éloignés des circuits médiatiques. Le géologue et philosophe San Miguel de Pablos, le fils de la seule théosophe-astrologue exerçant pendant le franquisme, un passionné d'astrologie mondiale, lui avait donné une date quatre ans avant les faits le 9 novembre 1989 et un évènement : la chute du mur de Berlin. Il s'était appuyé pour cela sur des calculs développés pendant des années dans son École d'Astrologie mais ce n'était pas seulement son goût pour le calcul qui lui avait permis de prévoir cet événement rapporté dans un entretien publié dans le quotidien El Pais. C'était aussi son empathie exceptionnelle avec la Terre qui lui permettait d'en ausculter les soubresauts.

Était-ce pour cela que la chute de cette partition bétonnée n'avait jamais ému Cybèle ? L'écroulement du mur ne l'avait pas surprise. L'euphorie de la foule l'avait médusée. L'émotion de ceux qui vivaient l'évènement sans avoir su l'anticiper ni s'interroger à temps sur les enjeux, contrastait avec ceux qui avaient été capables d'anticiper avec neutralité l'évolution historique. L'idéologie et l'émotion entravent la conscience. La conscience ne fonctionne ni avec l'une ni avec l'autre, elle fonctionne par résonnance avec la vibration-amour. Au fond, la fonction de l'anticipation n'est pas de prévoir le futur, mais d'enseigner l'humilité.

— Cela nous amène à demander, qui fait avancer quoi ? Quel est le rôle des hommes politiques et quel est celui des masses ? Qui est la vague et qui est l'océan ? Que sont les foules ? Sont-elles des marées qui répondent à des cycles programmés ou sont-elles sujets ?

— Les présidents de ces années-là, François Mitterrand et Helmut Kohl, soutenus par Mikhaïl Gorbatchev, furent considérés comme les pièces maîtresses de la chute du mur. Mais qui fabrique ce futur que les consciences empathiques sont capables de prédire avec une certaine facilité de nombreuses années avant qu'il ne survienne ? Nous ne sommes que les maillons d'une chaîne humaine au service d'un scénario historique.

— Les-consciences-que-nous-ne-connaissons-pas nous ont souvent dit : « Les individus ne créent rien ».

Les seules créations dont nous pourrions nous réjouir sont celles du cœur, c'est-à-dire la capacité individuelle et collective de créer des liens sereins et des espaces équilibrés et heureux. Mais qui fait l'éloge aujourd'hui de la vibration-amour comme fondement de la vie ?

En 1996 Robert Gouiran, physicien au CERN le jour et astrologue la nuit, lui avait montré le résultat de ses recherches. Cybèle n'avait jamais oublié cette conversation. La chute du mur de Berlin avait permis au physicien de corroborer ses premières courbes qui lui indiquaient avec précision la fin du communisme. Mais les courbes qui avaient réellement retenu son attention, n'étaient pas celles qui indiquaient la fin du communisme, mais celles qui montraient l'effondrement du capitalisme en 2012. La lecture de Robert Gouiran n'était nullement apocalyptique, celui-ci se limitait à lire le point d'une courbe. Combien d'économistes concevaient ou pressentaient la fin du capitalisme en 1996 ? Cette fin semblait alors inconcevable. Cybèle se souvenait de l'index calme du physicien qui lui montrait le point qu'il lisait sans émotion.

A partir de 2010, cette anticipation acquit une visibilité incontestable avec le tirage inattendu à trois millions d'exemplaires du livre de Stéphane Hessel et les manifestations des Indignés qui suivirent. Depuis les bruits de la rue se sont tus et nous pourrions penser que tout est rentré dans l'ordre mais qu'appelle-t-on la fin du capitalisme ? La fin d'un lien mécanique entre le progrès et le capitalisme ? La fin d'une admiration sociétale pour le capitalisme ? La fin d'une exploitation inconsciente des écosystèmes et d'une croissance écocide ? La substitution du terme « capitalisme » par celui de « libéralisme » ou de « mondialisation » ?

Les courbes sont des volcans. Les volcans sommeillent mais des coulées de lave récentes ont modifié le paysage et profondément transformé le capitalisme et son matérialisme. Ce qui a changé presque à notre insu est le statut de la matière et du matérialisme. La matière n'apparaît plus comme la source du progrès. La fin du capitalisme aurait pu signifier le remplacement de cette idéologie par la suivante. Mais de manière bien plus consubstantielle, la fin du capitalisme révèle une désacralisation de la surproduction et la mort spirituelle d'une abondance funeste. La fin du capitalisme pourrait signifier la naissance d'une nouvelle conscience qui regarde dorénavant avec suspicion les schèmes de surproduction, la mise en danger de la vie et des écosystèmes. Une nouvelle conscience critique de ce flux ininterrompu d'objets produits par des esclaves mondialisés peut instantanément figer le monde comme la lave a figé Pompéi. Depuis la borne temporelle désignée par Robert Gouiran, la société civile conteste de plus en plus souvent les objectifs et les conséquences des modes de production capitalistes qui transgressent tous les équilibres vitaux. De nombreuses formes d'expression entre révolte et ravissement voient le jour : la Millennials Generation refuse d'avoir des enfants, d'autres prônent l'économie de l'attention, d'autres conçoivent des documentaires pour la slow-TV en suivant le tricotage d'une maille, la vie dans un wagon, des vaches ou l'épopée d'un saumon. D'autres se détournent des informations répétées en boucle ou combattent les Grands Travaux Inutiles, d'autres créent des partis citoyens comme Bleu Blanc Zèbre ou comme Ma Voix qui œuvrent à l'instauration d'une collégialité citoyenne basé sur les principes des premières démocraties, tel que le tirage au sort.

— L'une des qualités fondamentales du tirage au sort qui a jusqu'ici échappé aux observateurs, est celle de mettre fin à la guerre politique et de libérer l'intégralité du temps consacré au combat et à la stratégie des partis politiques pour qu'une collégialité citoyenne composée de volontaires tirés au sort puisse appréhender les problèmes sociétaux comme le ferait n'importe quel grand laboratoire, avec des objectifs et une évaluation des résultats.

— Un nombre croissant de citoyens constate l'effondrement de concepts jusqu'ici sanctifiés et œuvre à la création de nouveaux mécanismes collectifs capables d'assurer une croissance sereine et limitée à la demande. Ces modèles innovants de décroissance rendront illicites toutes les formes de surproduction, de modèles écocides et de cette pollution lumineuse qui dévaste le sommeil et empêche un tiers de l'humanité de voir la voie lactée.

Les-consciences-que-nous-ne-connaissons-pas ne cessent de dire que la Terre et l'Océan sont des organismes vivants que l'on doit gérer avec un immense respect et beaucoup d'amour.

Cybèle termina en leur lisant un texte sur les dauphins de Monique Matthieu :

Mise en garde des dauphins

Quel sera l'avenir de la mer, celui des grands cétacés et des poissons qui l'habitent ?

« L'avenir de la Mer sera tout à fait le même que celui de la Terre. Il y aura d'immenses transformations !

Vous pouvez déjà vous rendre compte que beaucoup d'espèces marines disparaissent ; elles disparaissent physiquement, mais leur conscience, que ce soit celle d'une âme groupe ou une conscience individuelle, se retrouve sur des sphères beaucoup plus adaptés car elles ont terminé leur cycle de vie sur ce monde.

Bien sûr, la mer a une immense importance pour la vie !"

Ce qui m'attriste, c'est que je ressens maintenant sa souffrance, sa révolte et celle des habitants de l'océan comme celle de l'entité «eau».

Je suis dirigée vers quelque chose qui me perturbe un peu. Je sens tout d'abord l'eau qui coule sur moi et je m'y enfonce avec une immense vitesse. Je suis en contact non seulement avec l'élément eau et sa vibration, mais avec le peuple des océans. J'ai du mal à respirer. Il faut que je reste sereine parce que mon corps ne risque rien. Je suis perdue dans cet immense océan.

Je vois maintenant des dauphins venir vers moi. Ils me disent :

«Nous aimerions que tu dises ceci à tes frères : pourquoi ne prenez-vous pas conscience de ce que nous sommes ? Pourquoi tant de cruauté envers nous ? Nous sommes vraiment vos frères ! Dans des temps très reculés, nous communiquions télépathiquement avec les hommes. Pourquoi ne le comprenez-vous pas ? Pourquoi tant de pollution, tant de déchets ? Pourquoi ne respectez-vous pas notre habitat ? Pourquoi êtes-vous si ignorants de la vie ? Par moment il n'y plus assez d'oxygène dans l'eau ! Nous souffrons, nous mourrons à petit feu en raison de votre inconscience et de votre inconséquence !

Les êtres humains ne sont pas tous comme cela ! Nous aurions tellement pu les aider ! Ce qu'ils ne comprennent pas, c'est qu'ils se détruisent en nous détruisant, parce qu'ils ont tout pour vivre dans les océans. Ils peuvent pêcher, mais d'une façon respectueuse. Ils ont même beaucoup plus pour se nourrir que la pêche, que de manger nos frères ! Dans les océans et les mers, y a des algues et beaucoup de choses qui n'ont pas encore été découvertes.

Nous ne sommes pas les seuls à souffrir ! Beaucoup des nôtres et d'autres espèces souffrent ! Il n'y a pas que la pollution qui se voit qui nous détruit, il y a toute la pollution chimique, une pollution imperceptible à vos yeux mais réelle ! Dans certaines parties du monde, il y a également une pollution radio active. Ces pollutions sont les conséquences de vos erreurs, de votre ignorance et de votre prétention ; vous avez l'impression d'être les maîtres, mais vous ne l'êtes pas !

Si demain les océans se mettaient réellement en colère, ils auraient la capacité extraordinaire de recouvrir votre habitat et les terres. Pour l'instant nous, les mammifères marins et ce que vous appelez les poissons, calmons, du fait de notre présence, la fureur des océans parce qu'ils ont besoin de nous ; tant que nous existerons ils ne recouvriront pas les terres!

Nous vous mettons en garde ! Vous ne respectez pas votre environnement terrestre et les océans ! Vous avez besoin de l'eau qui est nécessaire à votre vie et vous ne vous en rendez pas compte ! Sur Terre vous détruisez, dans les océans, vous polluez ! Quand vous rendrez- vous compte de vos erreurs ? Quand il sera trop tard ? »

Je m'enfonce de plus en plus profondément

dans l'eau, et je ressens quelque chose de très froid et de très sombre. Des gros poissons dont je ne connais pas l'espèce me conduisent beaucoup plus profond dans l'eau. C'est comme s'ils me poussaient, et c'est très désagréable parce que j'ai encore plus froid. Ils me disent :

« Nous allons encore te montrer quelque chose ! Nous allons te montrer la façon dont la Mère Terre et les océans sont en réaction. »

J'ai du mal à respirer, je sens de plus en plus cette eau qui me pénètre ! Ils m'emmènent vers des failles d'où je vois sortir beaucoup de feu. Ils me disent :

« Regarde ! La Terre travaille en accord avec l'océan ! »

Je vois maintenant des failles où se trouvent des volcans. Ils me disent :

« Ce que tu vois est la soupape de sécurité de la Terre ; l'Océan accepte totalement toute cette lave, tout ce feu, parce qu'il y a unité entre le feu et l'eau qui, sur votre terre, sont incompatibles. La mer et les océans ont besoin d'une certaine énergie du feu, non pour survivre mais pour avoir une autre force. L'Océan se nourrit de la Terre, il se nourrit du Feu, il a besoin de leur Amour. »

Maintenant je remonte comme un bouchon

de champagne, avec une rapidité considérable. Je retrouve trois dauphins qui m'attendaient. Je les trouve absolument merveilleux. Ils se frottent contre moi et cela m'est agréable. Ils me disent :

« Écoute, écoute l'océan ! Écoute-le murmurer ! Écoute ce qu'il a à te dire ! »

J'entends comme un son sourd, un son qui m'envahit, et l'océan me dit :

« J'aime tous les êtres qui vivent en mon sein ; ils font partie de moi et je fais partie d'eux, mais j'aime aussi caresser la Terre lorsque je viens briser mes vagues sur son sol ! J'aime les hommes lorsqu'ils viennent se baigner dans mon eau, je les comprends et cependant, dans leur grande ignorance, ils ne savent pas le mal qu'ils me font ! Ils ont l'impression que je suis tellement immense qu'ils peuvent y jeter tout ce que produit leur civilisation, qu'ils peuvent se délester de leurs déchets et de tout ce dont ils n'ont plus envie ; en définitive, je ne suis pas si immense qu'ils le pensent ! Bien sûr, à l'échelle humaine, je parais immense !

Enfants de la Terre, j'ai aussi besoin de votre Amour pour calmer ma fureur, et lorsque je souffre trop, quand ceux qui vivent dans mon sein meurent, j'ai des sortes d'immenses colères qui sont réfrénées par tous ceux que vous appelez les poissons. Alors, pour que je ne sois pas dans d'immenses colères lorsque je souffre de tout ce que vous déversez en moi, compensez par l'Amour que vous m'offrez ! Bien sûr, il n'enlèvera pas la pollution, mais il me calmera. Tout ce qui vit sur ce monde et bien au-delà a également besoin d'Amour.

Je vous mets en garde ! Si vous ne réagissez pas d'une façon différente, si vous continuez à détruire la vie par vos pêches intensives, si vous continuez à ne pas respecter ce que je suis, j'occasionnerai beaucoup de dégradations et de dégâts sur la Terre ! Non seulement beaucoup de vies seront enlevées, mais d'une certaine manière vous en serez responsables !

J'entends encore ce bruit sourd. Je sens beaucoup de vagues ; elles me caressent, elles me bousculent, mais les trois dauphins me protègent parce qu'ils ressentent que je ne suis pas à l'aise dans l'eau. Ils me disent :

« Maintenant nous allons te raccompagner sur ta terre ! Dis encore à tes frères humains que nous, les dauphins, les grandes baleines et tous les mammifères marins, pouvons communiquer avec les hommes par télépathie, et que nous pourrions énormément les aider s'ils avaient conscience de ce que nous sommes ! »

Je ressens l'émotion de ces dauphins et mon cœur pleure un peu. Ils me disent :

« Il y a certains pays d'Asie où les hommes massacrent nos frères. L'Océan engloutira certaines parties de leurs îles parce qu'ils n'ont aucun respect pour le monde marin. Pour nous tuer, ils nous ont emprisonnés dans des criques, sans considération pour ce que nous sommes, et tout le peuple des dauphins a ressenti cette souffrance.

Je voudrais crier aux hommes : arrêtez ! Arrêtez de nous massacrer pour rien ! Arrêtez de nous tuer pour prendre des parties de nous comme vous le faites pour les requins ! Arrêtez de tuer ! Vous ne vous rendez pas compte de ce qu'est le fait de tuer des milliers d'espèces différentes pour prélever certaines parties d'elles ! Quelle ignorance ! Quelle cruauté ! Quelle inconscience ! Arrêtez ! Arrêtez ce massacre qui ne sert à rien, car lorsque nous n'existerons plus, que les mers et les océans seront vidés, il n'y aura plus personne sur la Terre !

Cependant, ce que ma conscience lit dans celle de l'entité humaine avec laquelle je corresponds est un immense espoir pour le peuple de la mer, un immense espoir qui viendra de la prise de conscience des hommes, un immense espoir qui viendra du réveil des hommes et de l'Amour qui grandira dans leur cœur.

Nous avons donc lu cela dans la conscience de celle qui s'exprime et nous en ressentons du bonheur, alors continuez de nous aider !

Je voudrais dire que la télépathie fonctionne, même si nous ne sommes pas près de vous physiquement ; la télépathie traverse tout, c'est une énergie qui n'a pas de limites et qui traverse la matière ! Moi qui vous parle et mes frères communiquerons cette information au monde marin.

Je suis heureux, nous sommes heureux d'avoir pu lire le devenir de l'humanité, celui de notre peuple et celui de ce monde dans la conscience de celle qui s'exprime ! Alors merci à elle, merci à vous ! » (Monique Mathieu, http:// http://ducielalaterre.org/)

18.   DU SYMBOLE ET DU RÉEL

Colombe leur demanda

— Qui a été le premier à inventer la forme stellaire ? Un cabaliste ou les étoiles de mer ? Pourquoi la planète Neptune est-elle bleue outremer ? Est-ce parce que Neptune a depuis la nuit des temps la régence de tous les océans ? Et pourquoi Uranus est de couleur azur ? Est-ce parce qu'il a depuis la nuit des temps la régence du ciel ? Et pourquoi la terre de Mars est-elle ferrugineuse et rouge ? Est-ce parce qu'il a depuis la nuit des temps la régence de la guerre ? Et pourquoi la Lune est grise ? Est-ce parce qu'elle a depuis la nuit des temps la régence du métal argenté ?

Elle s'interrogeait depuis des années sur cette symbiose entre l'aspect physique des planètes du système solaire, et l'argument mythologique. La plupart ont des couleurs bien distinctes qui correspondent à l'élément de la divinité dont elles portent le nom. Cette correspondance prométhéenne lui faisait penser à la manière dont on identifie un spectre. Comment décrit-on un spectre ? On ne décrit pas un spectre, on le perçoit, on le reconnaît. Toutes les trois savaient quand c'était leur grand-mère, un oncle, un inconnu ou quand c'était Vera, une vieille amie anglaise qui avait adoré sa vie d'actrice et qui demandait à Colombe de porter des colliers parce qu'elle était un peu garçon manqué.

Il lui semblait que nous avions baptisé ces astres avant de connaître leur nature, un peu comme nous reconnaissons les spectres avant de comprendre de quelle matière ils sont faits et dans quelle dimension ils se promènent.

— La matière n'est qu'un ensemble de vibrations. Lorsque la conscience les traverse elle en perçoit la vibration. Le champ symbolique n'est qu'un amplificateur de la conscience qui fonctionne par résonnance en traversant le temps. Lorsque la conscience se déplace, elle lit des vibrations et crée une cohérence entre des données passées, présentes et futures. C'est ainsi qu'elle peut distribuer des noms qui correspondent à la nature des objets nommés avant de les connaître. Ce sont les trajectoires de la conscience qui se déplace au sein de l'univers vibrationnel, comme un météore sans cadre ni calendrier.

— Le choix des figures

emblématiques nationales ressemble au baptême des planètes. Tout choix imaginal est porteur de données métacognitives. Les emblèmes ont leur propre fil narratif et l'ombre de ce fil qu'ils déroulent. D'où l'intérêt d'en comprendre les forces, les faiblesses, les enjeux, leurs capacités créative et thaumaturge pour réparer l'ombre de chacun et comprendre les relations qu'ils établissent entre eux.

Elles s'assirent autour d'une table, écrivirent le nom des pays qu'elles connaissaient sur des papiers qu'elles plièrent pour les tirer au sort. Colombe tira la première :

— « Les figures emblématiques françaises »

— Ce pays est enclin aux transferts symboliques, d'où la nécessité d'écarter les symboles empruntés et d'examiner les emblèmes qui relèvent d'une création propre. C'est le cas de la semeuse, créée par Oscar Roty en 1895 et mise en circulation en 1897. La semeuse met doublement en lumière le genre féminin et une action dynamique, celle de semer. Elle appartient à une triade de figures féminines dont font partie Jeanne d'Arc et Marianne. Quels sont les enjeux de ces figures féminines ? Pour l'historien Maurice Agulhon, ces symboles figurés sont empruntés à un vocabulaire conventionnel codifié depuis des siècles. « Dans ce langage, les abstractions ont des corps de femmes ». Cette féminité qui s'inscrit dans la continuité historique de l'allégorie gréco-latine, serait donc naturelle. Toutefois, ce vocabulaire transmis de génération en génération n'a créé nulle part ailleurs en Europe la même « cohorte de déesses et de gueuses » selon l'expression même de l'historien. Le féminin occupe donc bien à foison le champ symbolique français qui, après la Révolution Française a tardé à laisser les femmes accéder au vote et tarde encore à les laisser accéder à la fonction présidentielle. Le trop plein dans le champ symbolique retarde l'entrée dans le champ du réel. Cette semeuse rayonnante qui ensemence avec liberté et générosité ne gouverne pas. Qu'en est-il de son activité de semeuse ?

À défaut de pouvoir gouverner, la semeuse nous parle-t-elle de la terre ? Maurice Agulhon nous assure que non. Elle tient bien un sac de grains de blé dans la main gauche qu'elle sème de la main droite, mais la semeuse sème des idées : « République en marche, semeuse d'idées et soleil levant » dit la légende du timbre crée en 1902 par le ministre des Postes. Ce transfert symbolique de la Terre au monde des idées crée une ombre, une confusion. Un saut du réel à un idéel codé, représente toute l'ambiguïté d'une République qui met en scène une figure à laquelle la population majoritairement paysanne peut adhérer tout en substituant son contenu agricole par un contenu conceptuel idéalisé. Certes, cette représentation de la semaille et de la récolte en dehors de toute évocation d'un travail ardu de labour, laisse espérer un avenir insouciant et radieux mais les paysans sont de facto exclus. Plus de cent ans plus tard nous en sommes toujours là. La République qui a prospéré tant que quatre-vingt-dix pourcent de sa population se consacrait à l'agriculture et aux travaux connexes, ne valorise toujours pas la production agricole qui a perdu en moyenne 82 000 hectares de terres tous les ans entre 2006 et 2010. Malgré ce désintérêt, la semeuse représente encore la France sur les billets de l'Euro et l'agriculture est encore aujourd'hui un atout majeur du commerce extérieur français. Le recul de ses parts de marché au niveau mondial n'inquiète guère les gouvernements successifs. Les suicides industriels ou managériaux font la une de la presse pendant des mois alors que cinq cent agriculteurs se suicident silencieusement tous les ans dans l'indifférence générale. Leur tort ? Avoir choisi ce métier. Le progrès est ailleurs. Les suicides industriels sont inacceptables et ceux de la terre coupables d'avoir choisi une vie archaïque. La semeuse met en lumière le manque d'accordance entre la représentation du pays, l'idéal symbolique et la réalité.

— Il faut réparer

— C'est la force des emblèmes. Ils contiennent l'antidote. Pour retrouver le dynamisme solaire de la semeuse, les institutions françaises doivent repenser leur rapport au territoire et examiner tous les concepts du système agraire : les pratiques agricoles, la répartition des terres, son climat tempéré, la pastoralité, la rusticité, les écosystèmes, la fertilité, les rapports sociaux de production et d'échange, le rôle des différentes échelles géographiques et l'évaluation des suicides, cela afin de déterminer la capacité du pays et de ses habitants à semer, à récolter et à s'épanouir.

L'âme agreste de la France gérée par un modèle urbain centralisé place le pays en tête de liste des pays déprimés et pessimistes. Ce pays a oublié qu'il doit semer avec sérénité et accorder l'idéal à la réalité.

— Ce pays espère rayonner mais les multiples transferts de sacralité de la monarchie à la République culminent avec la célébration d'une décapitation royale. Cette décapitation empêche une véritable mise à distance du modèle monarchiste. Le manque de réflexion sur la fin violente de 1789 a créé un legs obscur qui alimente le manque de confiance et le pessimisme d'une nation simultanément capable de modèles autoritaires et de démembrement.

— Et que dit le coq ?

— Contrairement à la semeuse, cet animal de basse-cour est un emblème imposé par l'extérieur. Le Premier Empire le rejette mais la Troisième République le réintègre. Le quotidien paysan est accepté à contrecœur mais le coq réveille le pays avec le soleil. La semeuse et le coq s'accordent et expriment la même nécessité de rayonner et la même nécessité de s'intéresser aux semences et aux basses-cours, à tout ce qui est local, à portée de main. Le pays à concentré son symbole solaire sur la capitale en oubliant de veiller et de favoriser la prospérité de ses basses-cours locales. Les lignes à Grande Vitesse ont éliminé les lignes locales. On anime des artères puissantes en supprimant le système veineux chargé d'irriguer tout le territoire. Dans ce pays qui pourrait être chaleureux et prospère, les coqs meurent par manque d'empathie avec la terre et la diversité des territoires. Les partis politiques n'aiment que les villes.

Cosima lui posa une question sur la dégradation de l'orthographe en France. Elles émirent plusieurs hypothèses : les nombreuses fautes d'accord pouvaient exprimer la difficulté du pays à accorder les différentes dimensions entre elles mais la croyance en un modèle uniforme et régulier était centrale :

> Dans son Eloge de la variante, B. Cerquiglini constate que 'pour se fonder comme science au XIXe siècle, la linguistique dut se donner, par réduction, un objet stable et simple, régulier, homogène. De ce point de vu, l'ancien français, tel qu'il apparaît aux yeux des savants positifs qui entreprennent de le décrire, semble marqué d'une hétérogénéité constitutive. Car à la variance textuelle incessante qu'offrent les manuscrits, s'ajoute l'infinie variation des formes du langage' (C.Lucken et M.Séguy : Médiévales, 2003)

— Faut-il laisser faire notre monde bruyant et supprimer les lettres muettes ou accepter cet héritage ?

> En fait nous nous retrouvons aujourd'hui, dans une époque que nous pourrions comparer à celle où le latin s'ouvrait à la multiplicité potentielle des langues vernaculaires avec une nécessité de variance que l'époque médiévale a

admise mais que la nôtre n'admet pas. La disparition de la variance et le poids d'une norme qui codifie la langue de manière contraignante devrait nous interroger.

Au regard de la norme, construite pourtant de façon artificielle, la variation est considérée comme une défaillance. (C.Lucken et M.Séguy : Médiévales, 2003)

Cosima prit un papier :
— « L'Espagne ».
Elle leur recommanda de lire « *La andadura del español por el mundo* » du philologue cubain Humberto López Morales.

— L'Espagnol chemine tel un caméléon. La variance induite par le mouvement et les us et coutumes est bien plus appréciée que la norme. Le pays est cupide quand il est riche et visionnaire en temps de disette. Il oscille entre la rondeur tranquille de Sancho Panza et la vision héroïque de Don Quichotte. Les figures claires et sobres des moulins, à la fois immobiles et en mouvement font partie des emblèmes qui ont marqué l'imaginal ibérique. La technologie éolienne représente 20% des ressources électriques espagnoles et les projets d'auto-approvisionnement énergétique sont très importants pour le pays ; ils peuvent naître et prospérer sur un territoire qui admire les moulins à vent géants. Un décret royal réglemente la connexion au réseau électrique des petites installations indépendantes, principalement celles dont la source d'énergie primaire est renouvelable. Le texte du décret 1699/2011 a ouvert la voie à l'auto-approvisionnement hydroélectrique, éolien ou solaire. Dans les années 1980, lorsque l'auto-approvisionnement semblait encore un combat résolument utopique, Zara, l'entreprise la plus en avance sur son temps, avait décidé dès ses débuts de générer sa propre électricité avec une éolienne privée. En ayant su non seulement puiser dans l'imaginal mais surtout l'activer, Zara est un exemple de cette accordance entre l'imaginal et le réel. Cette faculté d'accordance est un immense réservoir de créativité active. L'Association des producteurs d'énergies renouvelables (APPA), assure que l'avenir de l'Espagne passe par la production et la distribution de cette micro-génération énergétique. Ce n'est pas une mode. C'est une force imaginale qui alimente le scénario narratif de l'Espagne. La terre, l'eau, le soleil, le vent accompagnent la mise en mouvement du pays. L'âme ibérique se construit dans le mouvement.

Cybèle tira « l'Angleterre »

— L'emblème national de ce pays est la double rose Tudor, rouge et blanche. Cette rose parle de jardins. Le dragon blanc et les trois lions sur son blason pointent dans la même direction, celle d'un dialogue entre une nature enchantée et une nature domestiquée. Les jardins essaimés sur tout le territoire et les imprimés Liberty sont des échantillons de cette interaction complexe entre nature et culture. « Nous ne pouvons pas faire des distinctions simples entre la nature sauvage, la nature domestiquée, et la nature humaine, » expliquait William Morris. Les espaces verts, la botanique et la nature imaginaire s'entremêlent naturellement dans un pays où les jardins ne sont pas seulement un rêve collectif, mais un héritage partagé qui suscite l'inspiration. L'accordance de la nature sauvage, domestiquée et humaine exprime une vision plus équilibrée qu'ailleurs. C'est la force des anglais, cette science des accordances entre les trois sphères : sauvage, industrielle et humaine.

Colombe tira l'Allemagne et la Grèce.

— La clé de l'Allemagne est entre les serres de l'Aigle, tandis que celle de la Grèce est entre les griffes du hibou nocturne de Minerve, la déesse de la sagesse. Les deux sont des oiseaux de proie et les deux sont solitaires. Dans la nature lorsqu'un aigle et un hibou se livrent un combat, l'aigle est toujours gagnant. Les observateurs du monde animal sont formels, les hiboux qui souhaitent rester en vie, doivent éviter les confrontations avec l'aigle. En 2011, lors de la confrontation de l'aigle et de la chouette, la population grecque infectée par le virus du sida augmenta de cinquante pourcent en raison des personnes en bonne santé qui s'inoculèrent volontairement le virus afin de percevoir la seule allocation qui n'avait pas été supprimée. Est-ce parce que dans la mythologie grecque le sang versé se transforme souvent en fleurs ? Le sang qui coule dans les veines mythiques n'est pas un simple fluide vital mais une teinture éblouissante qui baigne des pétales et transforme les êtres vivants en fleurs. La mythologie rend les drames de la vie moins féroces. L'esprit grec est entraîné à osciller entre l'optimisme et la tragédie. La Grèce puise ses forces au crépuscule, telle la chouette de Minerve qui entreprend ses activés une fois que le jour est tombé et que les leçons de vie ont été vécues. La Grèce a besoin plus que tout autre pays de consulter des historiens pour comprendre les journées écoulées et des visionnaires pour anticiper ce qui vient. La beauté de la tragédie est sa conclusion métaphysique. La

Pythie de Delphes, cette liseuse d'oracles est l'âme diurne de la chouette grecque, un regard précieux capable de sagesse même si Minerve a changé d'oiseau. Elle a remplacé le corbeau par la chouette lorsqu'elle s'est aperçue que l'on ne pouvait rien cacher à l'oiseau nocturne qui avait la réputation de se cacher et de s'isoler loin des bavardages avec d'autres oiseaux, « comme le font les sages ».

— Les chouettes aiment-elles les longues nuits d'Islande ?

— Je ne sais pas mais la Grèce serait bien inspirée de s'allier à l'Islande. La nature et les longues nuits ont préservé leur liberté. Les elfes ont préservé l'Islande des idéologies totalitaires. Le respect d'une altérité invisible privilégie une pensée subtile.

Les héros nationaux et les symboles sont des héritages intemporels qui nous sont légués pour réparer l'ombre d'un pays. Les emblèmes répondent au Principe de Résonance, les anciens parlaient du principe de Correspondance. Alors que la Science des Accordances accorde les différentes disciplines entre elles, le Principe de Résonance accorde l'imaginal au réel pour nous donner les clefs du scénario que nous développons. La faculté contemplative ce n'est que cela. La capacité toujours renouvelée de nous donner à lire des ondes lumineuses et intemporelles qui traversent la vibration de la vie.

Elles esquissèrent des silhouettes d'aigle, de corbeau, de chouette, de semeuse, de moulin à vent, de dragons, de roses pour tenter d'analyser leurs effets sur les aires cérébrales de chacune. Les résultats les encouragèrent à poursuivre leurs recherches sur le transfert imaginal. Le lien entre le processus symbolique et les récits nationaux devrait être sans cesse analysé. Les nations se construisent sur de l'impensé. Or cet impensé est le fil narratif d'un scénario dont les épisodes se succèdent à nos dépends tant que nous ne les comprenons pas.

Elles terminèrent cette séance en demandant aux consciences-que-nous-ne-connaissons-pas :

— Quel est le meilleur pays ?

— Aucun pays n'est meilleur qu'un autre, il ne peut y avoir aucun pays privilégié, chacun a une fonction spécifique, chacun joue son rôle pour maintenir un juste équilibre et participer à l'harmonie et au bon fonctionnement du puzzle terrestre.

19.   UNE ŒUVRE MORALE BASÉE SUR LA FOI

Certains lieux de prière peuvent disparaître sous le sable et les flots et d'autres comme des reliques, en silence. Elles poussèrent la porte d'entrée du 42 rue Goya. Le temple était ouvert. Les brochures à l'entrée exposaient l'Enseignement Révélé par le Père Antoine : « Le culte Antoiniste est une œuvre morale basée sur la Foi et le désintéressement » où l'on peut venir « demander assistance, en dehors de toute idée de religion puisque les maladies, les peines n'ont pas de religion ». Le sous-titre du premier numéro de L'Unitif, une reproduction du journal Antoiniste publié pour la première fois en 1911, indiquait : « Nous sommes invités à nous améliorer ». La maxime synthétisait une époque optimiste qui rappelait ce mélange de gravité, de réserve et de volonté des méthodistes anglais dont l'action morale avait abouti à la même époque, à un travail social d'une admirable efficacité.

Elles entrèrent dans la salle de prière. Une sœur costumée apparut brièvement pour les accueillir en silence avant de regagner la petite pièce dénommée cabinet n°1. Elles suivirent la desservante du temple dans le cabinet où sont reçues tous les jours les personnes qui cherchent un accompagnement ou une prière de guérison. La paix et les tourbillons tranquilles qui emplissaient le cabinet de cette Sœur habillée en noir, les étonnèrent. Elles ressentaient ces tourbillons physiquement avant même de savoir que les Antoinistes travaillaient avec des fluides. L'endroit n'était pas neutre. La Sœur non plus. Cosima lui posa des questions, tout en sachant que les réponses émanaient d'un champ d'expérience difficilement transmissible : la prière, la foi, la guérison sans imposition de mains.

— Ce qui compte c'est le chemin que nous parcourons individuellement tous les jours, ce petit miracle au quotidien, leur expliqua la desservante du temple. Claire, c'est mon petit nom, leur précisa-t-elle.

Cosima lui demanda comment il était possible d'accueillir des gens gratuitement tous les jours de 10 heures à 18 heures, avec les contraintes de la vie actuelle.

— C'est un choix, répondit-elle. Le père Antoine avait prévu que les desservants du temple aient leur logement juxtaposé à celui-ci afin de pouvoir accueillir toutes les personnes à toute heure du jour et de la nuit.

Elles pensèrent à la charité du dix-neuvième siècle, à « ce Christ dépouillé de sa toute-puissance pour se faire homme » et à l'enseignement spirite pour qui « la première condition pour se concilier la bienveillance des bons Esprits, c'est l'humilité, le dévouement, l'abnégation et le désintéressement moral et matériel le plus absolu ». La pratique des Antoinistes s'inscrivait dans la lignée de cette prière qui opère des miracles dans le dénuement. Celui qui œuvre avec un cœur désintéressé, reçoit plus qu'il ne donne. Allan Kardec, revient continuellement sur le pouvoir de l'Amour, de la gratuité et du désintéressement sans lesquels toute recherche et action sont vaines ; il mettait en garde les médiums qui en monétisant leur lien avec l'au-delà, se font berner par des esprits moqueurs. Pour le 19e siècle le travail non rémunéré garantissait une authenticité. Les praticiens du New Age ont affirmé le contraire : ceux qui ne sont pas rémunérés prennent en charge le karma du consultant.

Cosima pensa à Liliane, une rebouteuse formidable qui avait guéri en quelques instants un petit chien qui souffrait depuis sa naissance d'une affection de la peau ; elle l'avait assis sur une chaise en face de son lit, aspergé d'eau et de paroles bénites en lui disant avec conviction : « Grand cœur, tu es guéris. »

Liliane reçoit toute la journée sans interruption et accepte la volonté quand il y en a. Mais l'abnégation peut épuiser. L'abnégation, aussi admirable soit-elle pose inévitablement la question de la subsistance et de la survie. Ainsi « Le Père reçut des malades pendant vingt-deux ans. Quand il commença ce travail, il avait des économies qui lui permettaient de vivre sans travailler : quand il mourut, il ne possédait plus rien ». Elles s'inquiétèrent que ces guérisseurs discrets, témoins de valeurs immatérielles, ne s'éteignent dans le dénuement.

Claire leur expliqua que dans un premier temps, le Père avait été catholique, puis spirite, avant qu'il ne trouve la Source :

— Le Père a trouvé la Source par la prière, expliqua-t-elle.

Cosima aurait voulu lui demander quel type de prière avait conduit le Père à trouver la source, car si la religion catholique transmet un texte révélé au sein de la cité et le mouvement spirite transmet la vie et la morale des esprits aux vivants, ni l'un ni l'autre ne garantissent de rentrer en contact avec la Source. Leur objectif est autre. Elle s'interrogeait. Comment transmet-on cette connaissance de la Source ? Par la prière ? Laquelle ? Par un culte moral ? Par des lectures ? Par le silence ? Par la guérison de l'autre ? Par l'attention et le secours porté à autrui ? Ce jour là le mystère resta entier. La clé de l'énigme résidait dans notre compréhension de la foi et de l'Amour que le Père Louis Antoine décrivait ainsi : « Un seul remède pour guérir l'humanité : La Foi ; c'est de la foi que naît l'amour ; l'amour qui nous montre dans nos ennemis Dieu Lui-même ; ne pas aimer ses ennemis, c'est ne pas aimer Dieu ; car c'est l'amour que nous avons pour nos ennemis qui nous rend dignes de le servir, c'est le seul amour qui nous fait vraiment aimer, parce qu'il est pur de vérité »

L'avenir de ces assemblées libres qui poursuivent l'expérience mystique d'un thaumaturge au parcours aussi singulier que le Père n'est pas aisée. Les soixante-quatre temples Antoinistes survivent encore plus de cent ans après leur création mais pour combien de temps ? Elles voudraient que les Antoinistes puissent transmettre leur connaissance plus aisément, sans renoncer à leur frugalité, de manière plus audible. Mais peut-être tous les modèles n'ont-ils qu'un temps jusqu'au jour où le même contenu se transmet autrement.

En attendant, elles tentèrent de comprendre l'origine et le maniement des fluides qui emplissaient le cabinet de consultation. Pourquoi ne remplissaient-ils pas de la même manière tous les lieux de prière ? Elles s'interdirent de poser cette question à Claire. Comme leur avait expliqué Frère Guillaume qui avait servi pendant des années dans le Temple de Jemeppe : « L'antoinisme ayant été fortement décrié durant les dernières années avec le phénomène des sectes, beaucoup hésitent à témoigner. Ensuite, comme pour le spiritisme, c'est quelque chose d'intérieur qui ne se prête pas facilement aux discours ».

Elles demandèrent à Claire si elle pouvait faire avec elles une prière et une lecture. La desservante joignit les mains et pria. Les desservants n'ont pas le droit de prédire l'avenir, et elle ne le fit pas, mais elle partagea à demi-mot ce qu'elle avait perçu. Elle ouvrit la porte de son cabinet, et passa dans le temple pour faire la lecture. Cosima et Cybèle auraient souhaité lui parler beaucoup plus longuement, mais une vieille dame attendait son tour sur un banc du temple. Elles promirent de revenir.

Elles revinrent le 1er novembre.

Un Antoiniste leur ouvrit la porte du Temple. Sur les murs peints en vert-pré, la couleur déterminé par le Père Antoine comme symbole de l'espérance, de la guérison et de la vitalité du printemps, une horloge Ikea marquait l'heure, 9h 45. La porte du cabinet était fermée. Deux officiants d'un âge relativement avancé et vêtus avec la robe révélée noire, priaient ou méditaient. À 10 h l'officiant fit sonner une petite cloche. Claire monta les escaliers de la grande tribune et se recueillit. L'officiant sur la gauche, d'une soixantaine d'années, annonça le début de l'Opération avec le texte propre aux temples français : « Mes Frères, Le Père fait l'Opération, suivie d'une lecture dans l'Enseignement. Celui qui a foi au Père, trouvera satisfaction. »

Pour les Antoinistes belges, la satisfaction de chacun ne dépend pas de son degré de foi au Père. En Belgique, les temples n'ont ni le portrait de Louis Antoine (1846-1912) ni celui de sa femme Catherine Antoine (1850-1940), héritière à la mort de Louis Antoine du charisme de guérison. La neutralité est de rigueur et la seule référence aux fondateurs est le texte de l'Auréole de la Conscience, écrit sur le mur derrière la tribune. Le texte d'ouverture qui annonce l'Opération cherche la neutralité pour éviter l'adoration: « Mes Frères, Le Père fait l'Opération. Respectons ce moment solennel. Ranimons notre Foi. » En France comme en Belgique l'Opération dure cinq minutes. La brochure Que savez-vous du Culte Antoiniste l'explique ainsi :

« C'est le moment solennel et privilégié au cours duquel chacun, selon sa Foi, peut puiser dans l'Amour Divin la force nécessaire pour mener à bien l'accomplissement de ses tâches tant matérielles que morales. Nous recevons, dans cet instant, le secours spirituel qui nous permet de surmonter et d'assumer nos épreuves. Quand nous assistons à l'Opération, nous sommes en communion avec tous les êtres qui nous sont proches - les vivants et ceux à nos yeux disparus - de même qu'avec tous nos frères humains existants de par le monde, quelles que soient leur race et leur religion particulière. »

Une fois l'Opération terminée, Elles écoutèrent la lecture pendant que Claire assurait le maintien des bons fluides. Elles se laissèrent absorber par l'intensité des fluides, ces tourbillons à la fois vivifiants et apaisants, comme lorsque des plantes aromatiques embaument un espace. Sur ces fluides l'enseignement du Père Antoine dit :

« Il en existe autant que de pensées ; nous avons la faculté de les manier et d'en établir des lois, par la pensée, suivant notre désir d'agir. (...) La vie est éternelle, elle est partout. Les fluides existent aussi à l'infini et de toute éternité. Nous baignons dans la vie et dans les fluides comme le poisson dans l'eau. Les fluides s'enchaînent et sont de plus en plus éthérés ; ils se distinguent par l'amour ; partout où celui-ci existe, il y a de la vie, car sans la vie, l'amour n'a pas de raison d'être. Pour raisonner ces fluides, il faut les manier, s'en servir, car plus sont-ils éthérés, plus renferment-ils de l'amour. »

Les fluides sont de la « matière à l'état invisible » et la capacité à extérioriser ce fluide magnétique relève d'un certain type de médiumnité. Allan Kardec a décrit soixante-douze types de médiumnité dont celle capable d'extérioriser ce fluide : « Le médium à effets physiques est une personne dont l'organisme permet, sous certaines conditions, l'extériorisation du fluide vital d'une manière visible ou invisible. Ce fluide est essentiellement magnétique. »

Lors de leur première visite Claire leur avait expliqué :

— Nous avons tous une sensibilité différente. Moi, personnellement je n'ai pas ces capacités, mais j'ai connu des médiums et des guérisseurs formidables qui les avaient.

En ce jour de Toussaint, le texte lu commençait ainsi : « Nous devons comprendre qu'il existe deux mondes, l'un corporel et l'autre spirituel, le monde des incarnés et je n'ajouterai pas celui des désincarnés, mais plutôt celui des non incarnés. Beaucoup pourraient s'imaginer qu'ils sont distincts, elle n'en est rien. »

Elles écoutaient.

L'antoinisme leur rappelait la théodicée des Nouveaux Mouvements Religieux où la qualité d'un destin dépend du niveau de conscience acquis lors d'une somme d'expériences individuelles passées et présentes. Le Dieu de cette théodicée immanente et individualisée, allume et veille sur la flamme de chacun. Cosima voulait savoir quelle était la différence entre les guérisons pratiquées par Antoine le guérisseur de 1900 à 1918 et celles pratiquées au 21e siècle par les Antoinistes dans leurs cabinets. Qu'est-ce qui a le plus varié dans la nature des demandes ? Les maux sont-ils moins physiques et plus sociaux ? Quel est l'effet concret de la prière sur la capacité à devenir guérisseur ? Agit-elle sur un talent inné qu'elle renforce mais qu'elle ne donne pas ? Quel pourcentage de personnes manient les fluides ? Quel est le rapport des desservants aux fluides ? Quel type de transmission pourrait-on imaginer ? Quelles sont les différences entre le cœur et la conscience ?

Trois derniers coups de cloches marquèrent la fin de la lecture. Les deux officiants se retirèrent. La desservante ouvrit la porte de son cabinet pour accueillir une habituée.

Cybèle revint encore une fois pour la fête de Mère, le 3 novembre.

Le temple était plein et les officiants en robe révélée noire étaient plus nombreux. Une sœur sur le seuil de la salle de prière lui demanda si elle voulait consulter :

— Vous serez le deuxième, lui dit-elle en lui tendant une fiche de couleur verte avec le numéro deux.

Ce jour-là, la lecture était celle du texte écrit par le Père Antoine deux jours avant son décès. Le Père Antoine avait tout anticipé. Il avait informé ses disciples qu'il n'avait pas fait de testament et qu'il laissait tout à Mère : « Après elle, il y aura de grands guérisseurs ». À la fin de l'office, Claire ouvrit sa porte. Cybèle attendait. Ce jour-là, une petite trentaine d'Antoinistes de cœur attendaient leur tour. Elle les regardait attentivement en pensant à cette

197

quête d'une guérison fondée sur la conscience spirituelle. Le désir de guérison spirituelle n'est jamais né d'un désenchantement. Il est consubstantiel à l'humanité et à ce que les chrétiens ont appelé l'Esprit Saint. L'Esprit Saint est le gardien de la santé éthérique. Les saints ont eu pour charge la santé psychique et physique. À toutes les époques et partout, la pratique de la foi a été naturellement et millénairement thaumaturge. Elle nous traverse comme le vent. Nos âmes sont poreuses et savent courir derrière un élan inexpliqué sans savoir vers où elles vont ni ce qu'elles trouveront. Elle aimait beaucoup l'hommage à Mère rapporté dans l'Unitif de janvier 1914. Il illustrait cette détermination indiscernable de l'âme lorsque la conscience recherche un nouvel équilibre entre la vie matérielle et la pratique spirituelle :

« Je dois vous avouer, chère Mère, que lorsque j'étais croyante, j'étais la plus malheureuse des créatures. Je demandais à Dieu pourquoi je souffrais ainsi et le priais de mettre un terme à mes tourments. Dieu a enfin eu pitié de moi. Elle a mis sur mon chemin une dame qui m'a parlé de notre bon Père. Elle devait me conduire à Jemeppe mais elle en a été empêchée. Moi on n'aurait pu me retenir avec des chaînes parce que je sentais que c'était à Jemeppe que je trouverai le salut. En effet, en approchant du Père, je fus subitement guérie de grands maux de tête que j'endurais depuis 25 ans car ma vie était un vrai martyr, je travaillais nuit et jour même le dimanche (...) Je ne suis qu'une pauvre ouvrière mais c'est de grand cœur que je sacrifie la moitié de ma journée, je reçois mes chers malades le matin et je travaille l'après-midi, je n'ai qu'un désir, c'est de m'acquitter envers vous, chers Père et Mère, de tout ce que vous avez fait pour moi. »

La santé, c'est cet équilibre entre notre corps éthérique et notre corps physique. Apparemment si simple à obtenir mais socialement si compliqué.

20. CONSCIENCE SPIRITUELLE

Cybèle achetait ses couleurs dans une quincaillerie sur les terres de Salvador Dali. Elle aimait parler avec le commerçant en levant les couvercles de ces dizaines de vieux tonneaux remplis de couleurs broyées.

— Combien de clients viennent acheter des pigments pour faire leurs propres peintures ?

— 5 %. Pas plus. Les gens n'ont plus la tête à faire des couleurs. Il y a encore vingt ans les familles avaient de l'espace, de la terre. Aujourd'hui, on leur demande un salaire pour rembourser le crédit d'un 40 m², les gens deviennent fous. Les couples tiennent deux ans.

L'âme a besoin d'espaces libres, de beauté, de lieux qui concentrent une énergie particulière où le rayonnement du cœur est amplifié et protégé.

Ils parlèrent des pauvretés tristes et des pauvretés heureuses.

Cybèle lui raconta des épisodes de pauvreté haïtienne et des peintres qui peignaient des paradis. Les peintres du pays le plus pauvre étaient les derniers à peindre des paradis. Cette pauvreté terrestre enracinée dans une nature qui éclot avec la faconde des Caraïbes était une pauvreté heureuse qui n'entravait pas l'exubérance. Sur l'île voisine à Cuba, les peintres ont souvent le regard fixé sur la mer. Ils ne peignaient pas de paradis. La pauvreté est politique, une pauvreté triste née d'un duel avec la richesse qui prospère aux pieds de Miami. La représentation de cette pauvreté politique, Cybèle l'avait trouvée en s'arrêtant dans une pizzeria sur une route provinciale. Deux natures mortes avec des verres à demi-remplis d'eau et des assiettes vides posées sur un fond gris ornaient les murs d'un restaurant dont la carte n'offrait qu'un seul type de pizza. Plus loin un glacier donnait à lire à ses clients une carte avec une quarantaine de parfums ; après avoir invité l'imaginaire à savourer, il annonçait qu'il n'avait que de la glace à la vanille. Sur les murs une peinture avec un palmier sans ornements. Pas de porteurs colorés de noix de coco comme sur les tableaux haïtiens.

— Les peintres expriment l'inconscient d'un pays. Ils reconstituent ce que nous ne savons pas voir. C'est en cela que les représentations humaines sont utiles La peinture est l'amplificateur d'une réalité que nous appelons fiction.

La fiction c'est du réel à l'état latent avant que l'imaginal ne s'en empare et le projette. Les consciences-que-nous-ne-connaissons-pas leur avaient souvent expliqué que tous les mots et toutes les pensées s'incarnent. Tous les mots et toutes les pensées exprimées sont les écheveaux d'un scénario. Le réel tire le fil de ces pelotes et déroule un récit. Si l'humanité prenait conscience de cet entrelacement entre la fiction et le réel elle mesurerait ses mots et imaginerait d'autres fictions. Peu d'animaux reconnaissent leur image dans un miroir alors que l'humanité tire gloire de cette fonction cognitive. Pourtant, nous ne nous reconnaissons pas davantage dans les mises en scène fabriquées par ceux qui nous ressemblent. Ceux que l'on qualifie « d'ennemis » ne sont qu'un miroir qui réfléchit la violence que nous passons tant d'heures à contempler sur nos écrans. Nos fictions sont des condensés de toutes les formes de violence. Nous les regardons enchantés et nous pleurons lorsqu'elles deviennent réelles. En 1996 les consciences-que-nous-ne-connaissons-pas leur avaient dit : « De plus en plus de personnes vont tirer sur leurs voisins, les gens deviendront fous ».La violence de nos fictions est un choix, un miroir de nos consciences, de ce que nous aimons. Ne nous indignons pas lorsque la fiction opère ses transferts sur le réel.

Aucun d'entre nous ne peut pleurer la mort tant qu'il y aura production de violences fictionnelles et vente d'armes. Trop de peuples et de nations sont consentantes. Aucun d'entre nous ne peut pleurer la mort tant que les jeux encourageront les joueurs à éliminer des cibles humaines. La fiction c'est toujours du réel. La communauté internationale alimente volontairement la violence. Elle pleure les morts en vendant des armes et en multipliant des fictions mortelles sur nos écrans.

21.   ACCORDER LES ARCHÉTYPES

Les schèmes psychiques conditionnent notre comportement. Chaque schème a ses propres objectifs et sa manière d'appréhender le réel. Tous ont les forces et les faiblesses de leur motif. Aucun n'est parfait ou plus désirable mais la connaissance des différents schèmes permet d'anticiper les zones d'ombre et les excès spécifiques à chacun.

Le christianisme a identifié de longue date, des motifs psychiques fondateurs et complémentaires parmi lesquels le psychisme contemplatif de Marie et celui agissant et opérant de Marthe. Marie prie, Marthe agit. Dans Gouverner c'est servir, l'historien Jacques Dalarun expose l'usage qu'en a fait Robert Abrissel fondateur de l'abbaye de Fontevraud:

> « Laissons Marie soupirer vers les cieux ; Marthe, toute indigne qu'elle soit, saura administrer le temporel [...] une vierge élevée au cloître n'entendrait rien à la gestion des biens de l'abbaye » (J.Dalarun, *Gouverner c'est servir* : 155).

La gouvernance des abbayes doit être confiée à des femmes qui incarnent le schème agissant de Marthe : des converses avec une connaissance du monde et un goût pour l'action. Marie, celle dont Jésus de Nazareth dit pourtant « qu'elle a choisi la meilleure part », est trop loin du monde et n'a pas les qualités requises pour gouverner:

> Car comment pourra-t-elle rationnellement traiter les affaires terrestres, celle qui a toujours eu l'habitude des œuvres spirituelles ? (J.Dalarun, *Gouverner c'est servir* : 149)

Les motifs psychiques sont fondamentalement égalitaires. Ils interagissent et s'imbriquent entre eux tels les acteurs d'une œuvre où chacun a une fonction et un talent que n'a pas l'autre. Néanmoins, un danger guette l'équilibre archétypal. Le danger ne réside pas dans le choix du motif ou les qualités intrinsèques de chacun mais dans la manière de l'exprimer. Lorsque l'expression devient autoritaire et exclusive, l'ombre du schème devenu excessivement dominant, s'impose à tous en voilant le réel et en engloutissant pas à pas le sujet ou le collectif qui l'exprime. Le schème totalisant se construit avec l'exclusion partielle ou totale d'autres schèmes : l'altérité archétypale n'est alors ni reconnue, ni respectée par le sujet qui perd dès lors des clefs essentielles pour progresser. Ainsi lorsque Marthe s'affaire pour recevoir le Christ et lui demande « Seigneur, cela ne te fait rien que ma sœur me laisse seule à servir ? Dis-lui donc de m'aider » (v. 40), le Christ réponds « Marthe, tu t'inquiètes et tu t'agites pour bien des choses. Une seule est nécessaire. Marie a choisi la meilleure part : elle ne lui sera pas enlevée » (Lc 10, 38-42 Marthe et Marie). Marthe ne reconnaît ni les limites de sa vision, ni la valeur d'un autre motif psychique, à la fois opposé et complémentaire du sien.

Les monothéismes doivent tout particulièrement veiller à favoriser la pluralité des schèmes psychiques, une pluralité naturellement présente dans un cadre polythéiste mais en danger dans un cadre monothéiste. Rappelons que toute exclusion archétypale, entraîne l'émergence brutale du schème exclu.

En France, les transferts de sacralité de l'institution religieuse vers les institutions politiques se font à partir d'une série d'injonctions d'une très grande violence excusée ou exclue des livres d'histoire scolaire. L'histoire de la confiscation du patrimoine ecclésial, de l'interdiction des congrégations, de l'exil forcé des congréganistes ne font pas partie de l'histoire racontée. Cette omission oblige à la soumission : ton histoire ne compte pas, elle ne pèse rien face à la mienne. Mais la soumission des archétypes est violente et instable. La France rassemble les collectifs catholiques les plus archaïques en Europe parce que sa vision de l'histoire est archaïque. Ni ces événements, ni la fonction du schème contemplatif n'ont fait l'objet d'une réflexion sereine et distante. Le non-dit contribue à légitimer l'exclusion du schème contemplatif au profit du schème séculier. En 2002 l'autorisation administrative préalable à la perception des libéralités par les organismes à but non lucratif autorisés est supprimée. Toutes les associations à but non lucratif peuvent désormais accepter des legs sans autorisation, toutes sauf les congrégations et les organisations religieuses pour lesquelles l'autorisation préalable est maintenue. Le régime des libéralités perçues par les personnes morales a été construit autour du principe de l'autorisation administrative préalable, pour préserver l'intérêt des familles que les fondations religieuses risquent de ruine :

«des familles qui finiraient par se trouver

ruinées si le vain désir de faire parler de soi et de perpétuer son nom en l'attachant à des fondations charitables, religieuses ou autres ne trouvait un contrepoids dans l'intervention de la puissance publique » (Théodore Tissier, cité par le Répertoire Béquet).

Les fondations religieuses peuvent ruiner une famille. Les fondations politiques, sportives, militaires ne le peuvent pas. A partir de ce présupposé, le corpus législatif français perpétue une inégalité extravagante. Mais au-delà de l'inégalité de traitement entre les organismes religieux et séculiers, ce qui devrait nous interpeller c'est l'exclusion de la faculté contemplative. Une exclusion, qui comme toute exclusion, fabrique peu à peu l'ombre du schème réprimé, à l'insu du pays ou du sujet qui organise l'exclusion et ce jusqu'au jour où le motif psychique rejeté s'exprimera maladroitement si la mise à l'écart a été maladroite, ou violemment si la mise à l'écart a été violente.

Les archétypes sont les garants du pluralisme psychique. Leur particularité est de ne jamais disparaître. La tentative de les faire disparaître, active l'expression de leur ombre. L'ombre maladroite du schème spirituel, le dit « opium du peuple », sont les paradis artificiels. Le langage populaire l'a bien compris. Les paradis artificiels sont l'ombre du paradis. L'ombre produit un artifice. L'expression violente de ce schème, construit des radicalités violentes. La sécularisation des sociétés a souvent été impétueuse et radicale. Aujourd'hui, l'expression de l'ombre n'est ni plus ni moins impétueuse et radicale. Le sacré, le tempo contemplatif, les nuits noires, les jardins et les parcs urbains ont été substitués par une guerre électrique, commerciale et néonique imposée à tous. Les sociétés sécularisées célèbrent le schème martial. Martialité législative, traitement martial des écosystèmes, de l'urbanisme, des rapports aux autres nations, martialité des jeux. La violence oblige et son ombre oppresse. Nous n'identifions comme telles que les formes les moins quotidiennes et les plus spectaculaires de la violence en acceptant les formes les plus banales comme la concurrence commerciale, cette guerre qui impose à tous les niveaux de la société une gigantesque démesure, beaucoup de dureté et de dépendance. Pourquoi la concurrence a-t-elle jadis fait l'objet d'un interdit talmudique ? Avons-nous compris le sens de cette régulation destinée à assurer des espaces de sérénité dans la société ? :

La réglementation de la concurrence repose sur la notion talmudique d'outrepassement, de non-respect des limites, elle-même fondée sur l'interdit biblique de déplacer les bornes de son champ pour empiéter sur celui de son voisin. Cette notion de l'interdiction d'empiéter est centrale pour comprendre la régulation normative de la vie économique et sociale des juifs au Moyen âge, et en partie au début de l'époque moderne. Elle se traduit par l'établissement de normes destinées à protéger les droits établis d'un individu ou d'un groupe, désignés sous le nom de hazaka, avec une extension très importante du domaine de ces droits : elle s'applique à la question de la résidence, fondamentale au Moyen âge, car elle permet aux communautés de contrôler l'installation des nouveaux venus, soumise à autorisation afin qu'ils ne nuisent pas aux anciens. Elle peut s'appliquer à l'exercice d'une activité économique, en protégeant une clientèle, interdite aux concurrents : l'institution médiévale de la maarufia, monopole commercial établi et considéré comme un droit digne de protection et susceptible d'être cédé, constitue une régulation normative de la concurrence commerciale. (A. Rigaudière, Genèse des marchés: Colloque des 19 et 20 mai 2008)

Les schèmes psychiques sont des boussoles extraordinaires. Ils pointent la faille pour qu'on la répare. Mais ceux qui sont captivés par un schème, non seulement ne voient plus le réel mais ne veulent surtout pas déconstruire la coquille qu'ils ont construite.

La « vieille Europe » répond au schème saturnien. Les forces de ce schème lorsqu'il est à l'équilibre sont la connaissance, la sagesse, la capacité à structurer la société et les institutions politiques. À l'inverse, lorsque le schème devient totalisant, les institutions entravent le bien-être des peuples. Elles sur-encadrent les peuples jusqu'à leur ôter toute liberté de circuler et d'entreprendre ; le cadre institutionnel devient rigide, ne répond plus aux besoins des populations mais s'impose envers et contre tout. Ce qui aurait pu être ordonnancement devient rigidité et sommation. Les institutions européennes devraient s'intéresser aux ombres qu'elles fabriquent. L'ombre saturnienne en est une mais ce n'est pas la plus destructrice.

L'Europe s'est construite à la fin de la seconde guerre mondiale avec l'idée de mettre fin aux guerres entre nations européennes. Or on ne surmonte pas des siècles de guerre avec un simple souhait de paix. Il faut observer avec la plus grande attention la gestion des mémoires et des tendances innées. L'histoire européenne est un rosaire de guerres et de nations portées par un imaginal martial. Au lieu d'analyser cette mémoire martiale pour éviter son débordement, l'Europe n'a cessé de puiser dans ce passé martial qui l'a amené à fomenter une guerre économique quotidienne et permanente entre ses États membres, tout en répétant que l'objectif de la construction européenne avait été la paix entre des pays jadis en guerre. Mais cette promesse de paix ne pouvait pas se réaliser avec des fondateurs incapables d'imaginer et de projeter le scénario imaginal de la paix. Leur mémoire était trop chargée de guerre.

Pour créer un espace de paix, les institutions européennes auraient dû poser une question essentielle : Comment passe-t-on d'un imaginal guerrier à un imaginal pacifique ? A défaut de poser sérieusement cette question, l'imaginal d'une histoire imprégnée de guerres, recrée automatiquement un nouveau scénario avec toutes les ingrédients du passé. Les institutions devraient de manière encore plus rigoureuse que les individus, analyser le poids des schèmes psychiques qui les mobilisent et anticiper les archétypes des scénarios qu'elles développent. Si les institutions européennes avaient compris les fondements de la pensée pacifique, elles n'auraient jamais crée l'Union Européenne sans avoir au préalable créé une situation de développement pacifiste qui aurait harmonisé la fiscalité, les salaires, les prestations sociales tout en protégeant les particularismes des territoires et des systèmes productifs. Mais parce que la paix ne faisait pas partie de la culture européenne, il n'y a pas eu de vision pacifiste. Depuis, l'absence d'analyse a enfermé les peuples dans une arène économique et sociale fratricide qui détruit l'ensemble des systèmes productifs. Ce gigantesque transfert de la mémoire martiale européenne a transformé les guerres séculaires entre nations en guerre des systèmes productifs.

L'agriculture est l'un des systèmes productifs les plus fragilisés. L'Union européenne dans ses frontières actuelles, a perdu depuis le début des années 1960, 20 % de sa surface agricole, soit plus de 33 millions d'hectares qu'elle n'a pas réussi à protéger de la pression exercée par l'urbanisation, le tourisme, la construction d'infrastructures et la progression non encadrée des prix qui rend l'acquisition de ces terres par les jeunes agriculteurs impossible:

« Entre 1992 et 2006, les prix ont augmenté de 50 % aux Pays-Bas, 80 % en Suède, 100 % au Royaume-Uni et 150 % en Irlande. Quand un hectare de terre coûte en moyenne 5500 euros en France, il atteint du côté de l'Espagne, de la Belgique ou de l'Italie un prix moyen variant entre 20 et 30 000€, et culmine à 40 000€ aux Pays-Bas ou au Danemark. De tels prix sont totalement déconnectés de la valeur d'usage agricole de ces terres et ne peuvent être amortis par la seule activité agricole. » (Terre de liens)

En attendant, les acteurs politiques désignent par le terme de « populismes » l'appel au secours de populations découragées et exsangues. Alors que les populismes ne sont que le miroir du schème martial. Un coup de feu suffit à renverser la table sans avoir rien prévu.

22.   LE TRANSFERT IMAGINAL

La dimension contemplative de par sa position d'observatrice silencieuse en marge du monde est productrice d'imaginal. Or, depuis le déclassement de la faculté contemplative, la société se construit sur des présupposés idéologiques qui étreignent le réel et excluent la capacité transformatrice d'un imaginal éclairant et transformateur.

L'imaginal ou fonction cognitive de la perception, est une pensée combinatoire mue par une conscience de non-séparabilité. Cette conscience de non séparabilité est différente de l'universalisme qui émet un ordre de non-séparabilité et d'indivisibilité tout en imposant une vision « universelle » qui écarte d'autres manières d'envisager le réel. L'universalisme est une affirmation idéologique qui exclut ce qu'elle ne reconnaît pas comme appartenant à son schème. Ainsi à l'inverse de la conscience de non-séparabilité, l'universalisme rêve d'un universalisme à son image. Si nous prenons l'exemple de l'universalisme français celui-ci rêve d'un universalisme français. Il ne rêve pas d'un universalisme Bantou. Tous les universalismes tentent de formater le réel. Or le formatage du réel par des outils de communication politique, non seulement élimine les minorités mais empêche la perception de nouvelles représentations du réel.

Les mouvements féministes universalistes sont un modèle caractéristique de ce formatage du réel par l'idéologie. Ces mouvements universalistes ne revendiquent pas une vie plus féminine mais imposent aux femmes une addition de rôles à l'infini qui a peu à voir avec la capacité réelle des femmes à tenir tous ces rôles. Combien de femmes sommées de devenir des surhommes réussissent à atteindre simultanément et pendant plus de quatre-vingt ans l'injonction de perfection dans le champ professionnel, affectif, familial, domestique, culturel, spirituel et sportif ?

Contrairement au présupposé universaliste féministe, l'analyse imaginale s'intéresse peu aux conquêtes idéologiques du féminisme. L'imaginal pose des questions hors-champ pragmatiques : pourquoi les employées de maison sont-elles devenues financièrement inaccessibles pour la majorité des familles après la « libération » de la femme ? Pourquoi depuis cette libération faut-il désormais deux salaires pour acheter un logement et faire vivre une famille ? Les loyers et les mensualités des crédits immobiliers exigent désormais deux salaires. Quelle espérance reste-t-il alors aux personnes seules ? Les institutions européennes revendiquent la parité sans exception avec des journées de 48 heures pour tous. « Une norme égalitaire ». Que signifie une norme égalitaire alors même que le travail salarié ne représente qu'une partie des activités vitales ? A-t-on demandé aux femmes ce qu'elles souhaitent ?

Cosima avait aimé l'exemple de la Suisse. Elle y avait rencontré des femmes heureuses de pouvoir travailler à différents endroits à la fois avec des contrats stables mais avec des horaires calculés au pourcentage : 20 % du temps, 30 % du temps, 40 % du temps. Elle avait aimé cette liberté des pourcentages. La conscience imaginale est créatrice de vie. Elle imagine tous les possibles et les intègre aux modèles existants. A l'inverse, l'universalisme brise tous les possibles pour ériger en norme son propre dogme. L'analyse imaginale examine l'infini. Elle aime l'infini. Elle admire les onze mille variétés de pommes en imaginant onze mille métiers. L'idéologie féministe occidentale n'a rien inventé. Elle a perpétué un modèle qui a simplement multiplié ses exigences.

Les féministes universalistes ont commencé par suivre Georges Sand en rêvant de s'habiller comme les hommes. Aujourd'hui, elles militent pour l'interdiction des femmes voilées. Ces histoires de vêtements leur ont fait perdre de vue l'essentiel. L'essentiel étant un imaginal transformateur qui conduirait à l'élaboration d'un modèle inédit plus souple et contemplatif. Les féministes n'ont pas pensé la singularité parce que la singularité n'émane pas de la capacité martiale mais de l'imaginal. La pensée imaginale n'exclut aucun champ d'action mais sait, quand il y a urgence, renverser les continuités.

Colombe passa en revue les qualifiants féminins qui poursuivent leur cours intacts : la séduction qui conduit la femme à se plier à tous les modèles existants, le désir de lien qui l'amène à répondre à toutes les injonctions familiales et sociales et la reproduction qui l'amène à se reproduire sans jamais avoir songé à faire grève de maternité. Elle leur demanda pourquoi les femmes continuaient à engendrer sans la moindre exigence citoyenne.

— Elles ont répondu sans hésiter aux commandements natalistes des États-nations. Les femmes ont donné naissance pendant des siècles sans jamais faire le moindre acte de résistance. Une très longue grève de maternité serait actuellement l'un des rares outils à la portée de toutes pour changer le rapport des États aux citoyens. Que signifie cette constance de l'imaginal féminin ? Une soumission à la biologie ? À la nation ? À l'amour ? Un temps de concordance personnalisée avec les miracles et les lignées galactiques ? En ne transformant pas l'imaginaire, les mouvements féministes contribuent à répuliquer les injonctions sociétales. Cette soumission à l'enfantement a prédisposé nos sociétés à additionner les hommes sans penser ni à leurs vies ni à leurs écosystèmes.

— Le transfert symbolique d'une société qui produit autant de déchets, développe tôt ou tard un scénario où les individus n'ont plus de fonction et sont traités comme épaves et battitures. La fonction de la pensée contemplative est de percevoir et d'alerter ceux qui sont dans l'action. Le fonctionnement de la perception exige une mise à distance et une conscience contemplative. C'est ce qui en fait sa valeur. Elle n'est pas meilleure que l'action, elle est simplement aussi indispensable que le schème martial, qui inlassablement, tente de la dissoudre.

Le libéralisme est caractéristique de cette exclusion des capacités contemplatives et de la perception. Le courant libéral ne s'est jamais appliqué à lui-même le terme « radicalisé ». Les esprits radicalisés seraient ailleurs. Mais rien de ce qui se présente à nous n'est jamais ailleurs. C'est parce que nous vivons un libéralisme radicalisé que le transfert imaginal nous donne à voir les effets de la radicalisation. Nancy Huston dans *Le club des miracles relatifs* rend compte de la violence sans mesure faite aux populations et aux écosystèmes de l'Alberta. L'exploitation des schistes bitumineux est un univers radicalisé qui ne compte pas ses morts. La mise à mort des pêcheurs et de leur métier, les maladies des autochtones face à des travailleurs expatriés conducteurs d'engins broyant sans interruption la terre sous l'emprise d'une musique à plein volume pour anéantir la conscience et se détacher des kilomètres blessés, des lacs souillés, des sources contaminées, de la pollution atmosphérique dégagée par le brûlage des kérogènes. Cette chaleur, ce déchaînement, cette radicalité économique est d'une brutalité bouillonnante.

— Elle semble pourtant admirable à ceux qui combattent d'autres formes de radicalité.

— Les médias font des choix de bonne et de mauvaise radicalité mais toutes les radicalités sont porteuses des mêmes contraintes et de la même violence. Les unes tuent en silence et les autres défilent en boucle sur nos écrans sept jours sur sept.

Cybèle demanda à Colombe quelles seraient les conséquences sur nos comportements si l'on inversait l'exposition médiatique de ces deux radicalités.

— Le fractionnement de la terre par les machines excavatrices, la contamination de l'eau et la disparition des pêcheurs est une violence biologique, vitale. La violence que les médias passent en boucle est une violence humaine, c'est la violence des jeux vidéo. Celle à laquelle les enfants s'exercent en se tirant dessus avec des armes en plastique. La première n'est pas fictionnelle et relève d'une responsabilité collective, la deuxième émane des fictions que nous aimons regarder. Nos fictions adorent la guerre. Alors les pleurs devant les écrans m'agacent. Tôt ou tard il faudra soupeser le poids des jeux de guerre et celui des larmes. Toute vibration a un poids.

— L'invention du photocopieur est l'illustration d'un transfert imaginal à grande échelle. En 1935 lorsque le physicien

Jean-Jacques Trillat présenta le principe général de l'électrophotographie, Kodak déclara l'invention sans avenir commercial alors même que la première tentative de réduplication biologique voyait le jour avec l'évocation d'un transfert de noyau par le prix Nobel de médecine Hans Spemann. En 1952 Robert Briggs et T.J. Kings réalisèrent le premier clonage de grenouilles par transfert de noyau de cellules embryonnaires dans un ovocyte dénoyauté pendant la mise au point du premier copieur xérographique entièrement automatisé et commercialisé en 1959. Depuis, ce transfert imaginal a créé une envie de réduplication généralisée. Les mêmes écrans, les mêmes contenus, les mêmes diplômes, les mêmes activités professionnelles, les mêmes logements, les mêmes métropoles, la reproduction assistée avec des répliques d'enfants à volonté comme lorsqu'on appuie sur le bouton "marche" du multicopieur. Une réduplication qui place la société au bord de la crise d'épilepsie.

Cybèle demanda à Colombe :

— Qui réfléchit en politique aux transferts symboliques et aux conséquences de la réduplication ? Cybèle n'avait cessé de noter depuis des années le constat des professionnels sur le terrain. Celui d'un directeur de banque qui lui confiait : « Je reçois tous les jours des piles de CV identiques, comment les distinguer ? » ou celui d'un professeur d'université : « Ici, c'est un parking pour quinze-mille chômeurs ». Les sciences humaines, les sciences de la vie et les sciences politiques devraient avoir pour vocation d'analyser les transformations sociales induites par les transferts symboliques. Les grandes inventions sont bien plus qu'un progrès technique. L'invention est avant tout un transfert imaginal qui pose de nouvelles questions.

Cybèle travaillait sur le transfert imaginal de la globalisation. Lorsqu'elle avait demandé au député européen Ignasi G. une définition de l'Europe, il lui avait répondu : « C'est un territoire où tout doit bouger »

— Le mouvement des territoires me semble avoir plus de futur que le mouvement *per se* des gens et des objets. Le trait de côte du littoral aquitain bouge. Il perd quinze mètres de plage par an Il devrait inviter l'Europe à soutenir des projets industriels innovants qui tentent de contrebalancer ou réparer la perte de ces territoires. Mais ce mouvement là n'interroge pas l'Europe.

— Ce qui doit bouger ce sont les

objets et les personnes, pas les territoires, lui répliqua Ignasi.

Cybèle compris que l'idée dominante de cette idéologie claire et simple était le mouvement de tous les objets et de tous les individus qu'ils en aient envie ou non.

— En collant aux flux de la mondialisation, les institutions européennes ne prenaient plus le temps d'élaborer une pensée propre ; elles ne réfléchissaient ni aux conséquences d'un mouvement à bâtons rompus ni à l'entrelacement nécessaire entre mouvement et sédentarité. Cette consigne européenne qui donne l'ordre du mouvement perpétuel engendrera tôt ou tard, si ce n'est déjà fait, un transfert symbolique qui multipliera des situations « blender » où tous les ingrédients seront fracturées et réduits en bouillie. Car si le mouvement est bien nécessaire pour faire advenir une hyper-mixité, le mouvement constant fracasse. Une voiture qui ne cesserait jamais de rouler, tomberait en panne faute de carburant ou s'arrêterait gravement accidentée sur le bord de la route avec un conducteur épuisé et sans objectifs.

L'Europe s'est développée à partir d'un transfert imaginal Futuriste. Robert Schuman était né en 1886 dix ans après Marinetti, figure emblématique du

Futurisme. Jean Monnet était né en 1888. La création de la CECA en 1951 et de la CEE en 1957 étaient toutes deux porteuses de cet imaginaire qui exaltait le monde moderne, la civilisation urbaine, la voiture et la vitesse. Les institutions européenne ont rédupliqué sans mise à distance l'élan des Futuristes. L'idéologie du « Tout doit bouger » est un transfert imaginal de l'automobile et de la route. Ce transfert imaginal est visible dans les choix de l'Union Européenne qui n'a cessé de financer des réseaux autoroutiers dont la rentabilité continuellement déficitaire oblige les collectivités territoriales à payer le différentiel entre le nombre d'usagers imaginés et le nombre d'usagers réels. Face aux Grands Travaux Inutiles les liaisons ferroviaires rurales, celles qui relèvent d'une véritable utilité publique pour les trajets quotidiens travail-domicile, disparaissent. Le manque d'analyse du transfert imaginal futuriste exclut pour des millions d'Européens des services de proximité tout en leur donnant accès à une vitesse idéalisée pour traverser l'Europe ou le monde plusieurs fois par jour. Cette démesure conduit à une appropriation du monde et à un dessèchement des territoires.

En France, ce transfert symbolique est particulièrement impensé. Les métropoles sont reliées entre elles sans que personne ne comprenne pourquoi nous aurions besoin de nous rendre sans cesse de l'une à l'autre. Dans *Un monde à la carte* (2016), le sociologue Patrick Le Galès directeur de recherche CNRS au Centre d'études européennes de Sciences Po a constaté que parmi les cadres supérieurs (8 % de la population) qui ont développé une mobilité transnationale, seulement un tiers d'entre eux sont réellement mobiles. Cette course poursuite autour du globe commence à lasser. Tristan Garcia nous l'a exposé avec *La vie intense : une obsession moderne* (2016). Un transfert symbolique finit toujours par déborder en emportant ce que l'on pensait être réel, comme une tempête emporte un morceau de côte.

Notre société gouvernée au travers d'écrans est emblématique de notre difficulté à faire face au réel. Les métropoles ont remplacé les temples. Un extraterrestre ou un thérapeute de l'imaginal pourraient dire : « Tiens, ici ce sont les algorithmes et les écrans qui gouvernent, les hommes sont devenus superflus. Que va-t-il se passer dans un monde où les hommes continuent à se reproduire mais où les individus sont devenus superflus ? » Est-ce de la pure inconscience ou un scénario pour réveiller les consciences ?

23.   L'IMPIÉTÉ DES GÉANTS

Les géants qui assaillent les dieux et créent sans le consentement des hommes d'autres mondes posent aux hommes, la question des changements d'échelle qui bouleversent le rapport à la vie. C'est de cette brutalité qui renverse le rapport au sacré et au monde que naît l'impiété des géants. Les géants interrogent ce schème de l'excès que nous ne savons plus interroger. En exilant la dimension contemplative, nous avons cédé l'espace terrestre à ces géants relégués dans d'autres mondes ou parties du monde, parce qu'ils malmènent l'équilibre des hommes.

Les géants du 21e siècle créent tel ceux d'antan, d'autres mondes ou parties de monde en malmenant les hommes qui s'épuisent et ne luttent plus ; ils attendent que les colosses s'épuisent et que les empires se brisent.

— Qu'est-ce qui différencie l'Union Européenne des empires qui l'ont précédé ? La réponse à cette question est essentielle.

Lorsque nous reconstruisons d'anciens modèles sur les mêmes territoires il faut analyser et comprendre ce que nous reproduisons. Reproduisons-nous un modèle archétypal ? Une mémoire impériale ? Une volonté expansionniste ? Les erreurs et les fractures du passé sont-elles un garde-fou ou l'ombre d'un schème qui se répète ? L'Union Européenne entrelace-t-elle des hommes et des territoires à échelle humaine ou enchaînent-ils des mégalopoles à des colosses institutionnels qui broient les systèmes productifs locaux ? Quel est le rôle d'une Union qui au lieu d'entrelacer les richesses organise une concurrence acharnée entre les nations qui lui ont confié leur destinée ?

— Les Géants sont les maîtres de la loi. Ils ordonnent des textes interstitiels. Des textes furtifs et des textes codés. *Code is Law*. Les citoyens n'y voient que du feu. Les cyclopes créent un réel qu'ils occultent aux vivants.

— La suppression des pensions de réversion aux femmes sans enfants est l'un des derniers exemples. Quelle est la valeur d'une femme sans enfants ? Après Vauban pour qui « La grandeur des rois se mesure au nombre de leurs sujets », les ligues natalistes de la République française ont rassuré les milieux d'affaires en intervenant jusqu'en 1945 dans les casernes et dans les usines ; les ligues le savaient, plus les ouvriers ont d'enfants, moins ils revendiquent par crainte de perdre leur travail. Mais les géants savent que tout est une question de taille. Si les géants avaient supprimé les pensions de réversion à toutes les femmes, le texte ne serait pas passé inaperçu. Pour passer incognito, ils savent qu'il faut voter de grandes lois avec des décrets interstitiels. Les députés et les médias ne diront rien et poursuivront l'œuvre démocratique quel que soit le degré d'invisibilité des lois.

— Les Géants jouent aussi avec le nombre d'années. Ils passent du très grand à l'infiniment petit. Du Tartare aux écrins. Les guerres et la politique génèrent des avantages inconnus de la plupart des citoyens. Alors que les systèmes économiques allongent toujours plus le temps et les années de travail avant la retraite, il suffit aux députés européens d'exercer pendant trois ans pour obtenir une retraite de 1500 € mensuels. Les opérations extérieures militaires ouvrent des droits similaires. Les volontaires français partis combattre en Bosnie-Herzégovine pendant la guerre de 1992-1995 le faisaient dans le but d'obtenir une pension militaire concédée à tous les combattants d'opérations extérieures ayant appartenu pendant au moins 90 jours à une unité reconnue combattante. Depuis 2015 il faut avoir combattu pendant 120 jours. 120 jours de risque ou 40 ans d'usure ?

— Le seul système à pouvoir rétablir un équilibre sociétal est le salaire universel.

— Mais les géants n'aiment pas le salaire universel. Ils n'aiment pas non plus les œuvres. Les sommes versées aux œuvres par un contribuable sont déductibles de ses impôts sur le revenu à hauteur de 521 € alors que les sommes versées à un parti politique sont déductibles à hauteur de 15 000 €. Le manque d'attention portée aux différentes échelles, amène à la démesure.

Cosima leur recommanda de lire *Une question de Taille* du mathématicien et philosophe Olivier Rey.

Colombe leur raconta des histoires d'anatomie. Elle se souvenait de son professeur Jean-Louis Debord qui leur expliquait que les petits organismes ne fonctionnent pas comme les grands. « Un rouge gorge est agile et rapide, un aigle est lent » :

— Nous pensons que tout ce qui est petit doit grandir à l'infini or depuis les années 1980 plusieurs scientifiques dont le médecin Jean-François Toussaint ont remarqué que les sportifs avaient atteint ce qui semble être la limite humaine. Les records stagnent depuis cette époque. Ils stagnent aussi pour les chevaux et les lévriers. Nous pourrions définir le monde des géants comme celui où nous arrivons simultanément à plusieurs pics. Pablo Servigne les répertorie dans son manuel de collapsologie. L'échelle a une incidence directe sur le fonctionnement d'un organisme, d'une institution, d'un processus. Nous surveillons notre poids mais nous ne mesurons ni celui de nos institutions, ni celui de nos systèmes productifs ou celui de nos villes.

— L'Union Européenne devrait se pencher sur les conséquences du gigantisme. La différence de taille entre les hommes et les géants avait un sens. Les géants sont des créatures chaotiques qui peuvent soulever le monde et fasciner les hommes avant de détruire l'ensemble des mondes.

Elles firent trois vœux :

Ouvrir le système bancaire européen pour permettre une ubérisation du système financier. Le système financier et bancaire fomente et organise le libéralisme pour tous en s'excluant de cette concurrence. Colombe se souvenait de la petite banque privée que son arrière grand-père avait revendue au

Crédit Lyonnais en 1930. L'épicerie prospère qui faisait crédit aux clients avait pu devenir une banque familiale. Ces banques privées jouaient alors le rôle des circuits de crédits collaboratifs, aujourd'hui autorisés aux États-Unis pour les prêts immobiliers mais interdits en France, faute d'agrément.

Cybèle fit le vœu d'une vignette annuelle pour circuler sur toutes les autoroutes européennes. Nos constitutions ont vieilli et ne mentionnent que les libertés conquises au 19e siècle alors que les barrières législatives qui jadis limitaient certaines libertés ont été remplacées par de nouvelles barrières moins morales, moins contestées mais plus réelles. Les voies de circulation françaises avaient été vendues sans le consentement des citoyens. Depuis, Cybèle rencontrait de plus en plus de personnes qui n'avaient plus le budget pour aller passer des vacances en famille, rendre visite à des grands-parents ou s'occuper d'un parent malade. Alors que les pays européens les plus avancés économiquement ont intégré un système de vignette annuelle, les pays du sud entravent la liberté de circulation sur leur territoire avec des péages prohibitifs. Or la liberté de circulation sur un territoire donné est une liberté sociale essentielle.

Cosima hésitait entre le vœu à moyen terme d'un salaire universel européen et le vœu immédiat d'une harmonisation fiscale entre toutes les nations fédérées ou associées. Certaines règles fiscales lui semblaient urgentes. A une époque où les contrats de travail obligent à changer si fréquemment de domicile, l'Union Européenne aurait dû interdire le paiement de taxes de plus de 6 % sur l'achat d'une résidence principale. L'Angleterre et les États-Unis ont compris les enjeux de la mobilité en conservant une fiscalité de 1,5 % sur le prix d'achat. Sous la pression des institutions européennes, la France a baissé la rémunération des notaires tout en saisissant l'opportunité d'augmenter celle de l'État. Sur une moyenne d'une dizaine de déménagements professionnels entraînant l'achat d'un bien ordinaire, les taxes versées à l'État représentent plusieurs centaines de milliers d'euros. Un salarié moyen mettra bientôt plusieurs vies à rembourser cette imposition confiscatoire.

Elles ajoutèrent le vœu d'un passant qu'elles avaient interrogé sur le parvis de Notre Dame de la Fin des Terres. C'était un élu des Hautes-Alpes qui leur avait raconté comment les canons à neige assèchent les sources de montagne pour qu'un tout petit nombre de skieurs puisse glisser sur des pentes où il ne neige plus. La raison voudrait que l'on respecte l'eau, un bien commun irremplaçable dont les scientifiques ne connaissent même pas l'origine. « Mais les groupes de pression subordonnent et les projets illégitimes sont toujours votés. Le vote n'est plus représentatif d'une volonté éclairée mais d'enjeux privés », leur assura-t-il.

Le contre-pouvoir ne sera jamais le fait d'un parti politique adverse qui mène un même combat dans une même arène. Le véritable contre-pouvoir crée une altérité en dehors des lieux où s'exerce le pouvoir. Le premier des contre-pouvoirs devrait revenir à une collégialité citoyenne élue par tirage au sort pour éviter l'action des groupes de pression. Les groupes de pression dérobent le pouvoir décisionnel à la raison.

24.   LA FACULTÉ CONTEMPLATIVE

Cybèle adorait la vie de Saint-Siméon le Stylite, cette quête entre le rien et le spectaculaire :

Le saint s'en alla sur le sommet de cette célèbre montagne, lequel il fit environner d'une muraille bâtie seulement à pierre sèche, et, ayant fait faire une chaîne de fer de vingt coudées de longueur, il s'en fit attacher un bout au pied droit, et l'autre à une grosse pierre, afin de ne pouvoir même quand il voudrait, sortir hors de ces limites. Et là, sans que la chaîne dont il était ainsi attaché pût empêcher son esprit de s'envoler dans le ciel, il s'occupait sans cesse à contempler des yeux de la foi et de la pensée les choses qui sont au-dessus du ciel. (THEODORET)

Puis l'idée lui vint de demeurer sur une colonne pour se rapprocher toujours plus de l'infini en s'éloignant des hommes :

ces extrêmes honneurs qu'on lui rendait lui semblant non seulement excessifs, mais extravagants et ne pouvant davantage souffrir une chose qui lui était si importune, il s'avisa de demeurer sur une colonne, et en fit faire d'abord une de six coudées de haut, puis de douze, puis de vingt-deux; et celle sur laquelle il est maintenant est de trente-six coudées, le désir qu'il a de s'envoler dans le ciel faisant qu'il s'éloigne de plus en plus de la terre. (THEODORET)

Nous avons confiné la faculté contemplative aux cellules monacales et autres lieux de recueillement spirituel. Et si ces espaces dédiés sont effectivement nécessaires à l'exercice de cette faculté et à son talent visionnaire, la résolution des problèmes exige une mise en mouvement du spirituel et sa participation au monde. Or les nations européennes se sont toujours méfiées de cette mise en mouvement du spirituel. Elles ont aimé l'immobilité cloîtrée inventée par Saint Benoît l'italien, cette clôture monacale qui se construit en opposition à l'errance orientale « qui prône le déplacement perpétuel comme un mode de vie ascétique » rappelle Pierre Maraval, mais aussi en opposition à une mystique hors champ à la fois plus dynamique et éveillée. Car cette vie contemplative si proche du Royaume des Cieux, crée aussi un territoire en mouvance au pied de la colonne. La notoriété du Stylite et ses échanges épistolaires avec les élites de l'époque n'ont pas de frontières. Sainte Geneviève faisait partie de ses correspondants. Leurs échanges l'encouragèrent à donner l'exemple aux Parisiens pour résister à l'invasion des Huns par la prière : « Que les hommes fuient, s'ils veulent, s'ils ne sont plus capables de se battre. Nous les femmes, nous prierons Dieu tant et tant qu'il entendra nos supplications ». Ces échanges entre Paris et la Syrie sont un échantillon de la faculté contemplative, du désir d'élévation et de cohésion au milieu du brouhaha du monde.

Le moine Théodoret rend compte de cette vie foisonnante au pied de la colonne de Siméon le Stylite :

> Ainsi, chacun y abordant de toutes parts, on voit en ce lieu une si grande multitude de personnes, qu'il semble que ce soit une mer qui reçoit par tant de divers chemins ainsi que par autant de fleuves ce nombre infini de peuples qui y vient de tous côtés. Car on n'y voit pas seulement les habitants de notre province, mais aussi des Ismaélites, des Perses, des Arméniens, des Ibères, des Éthiopiens et d'autres peuples plus éloignés encore que ceux-là. Il en vient aussi des endroits d'Occident des plus reculés, comme des Espagnols, des Anglais, des Français et des autres provinces qui leur sont voisines. (THEODORET)

Le temps contemplatif est un moment de grâce qui s'extrait du temps des armes et appréhende le monde autrement. Sa position n'est pas celle de l'œil séculier. Le talent du regard mystique est de savoir s'arrêter, contempler. C'est un regard à la fois plus fixe et plus pérenne, une immobilité extravagante au service d'une quête. Saint Siméon le stylite incarne mieux qu'un autre cette immobilité audacieuse. Le pouvoir en Europe aux prises avec les institutions religieuses a très rarement compris l'intérêt de la fonction contemplative et de ses formes spirituelles. L'Occident du VIe et du VIIe siècle n'avait pas l'humour des orientaux ; Peter Brown nous rappelle que le stylite lombard Wulfilach établit à l'extérieur de Cologne, fut sommé de quitter sa colonne : « Une société qui savait tout de Siméon le stylite ne souhaitait pas de stylite chez elle : notre Wulfilach se vit enjoindre sans ambages de descendre de sa colonne » (Brown 1985 : 141-142).

Cette expérience d'immobilité verticale qui crée une vie foisonnante qui enchante l'Orient et exaspère l'Occident, nous amène à considérer la valeur donnée par les cultures à l'accordance entre deux schèmes opposés : la contemplation et l'action, la charité et le commerce, le communautarisme et la mondialisation, l'enclos protégé et la concurrence.

Colombe lui demanda :

— Quelle est la capacité de l'Europe à comprendre les schèmes complémentaires ?

— L'immobilité et le mouvement sont les deux forces de la fonction contemplative. La contemplation immobile est nécessaire au talent visionnaire et la mise en mouvement accorde l'expérience mystique à la vie. La mystique cloîtrée ou sa mise à l'écart de la sphère publique, empêche d'accorder la conscience au sacré.

Cybèle leur lu à voix haute un message de Monique Matthieu. Elle admirait les médiums des Nouveaux Mouvements religieux qui depuis trente ans avaient eu l'audace de concevoir des liturgies plus libres. Il faut avoir de l'audace pour professer à l'écart de tout sans rien renier du passé :

Vous avez pu constater le grand nettoyage énergétique qui a été voulu pour le lieu que vous appelez Lourdes.

La grotte est un lieu extrêmement puissant, et s'elle y a eu une manifestation de la Vierge à cet endroit, c'est qu'elle avait choisi ce lieu tout à fait particulier dans l'énergie et dans la vibration.

Ce lieu retrouvera sa quiétude et son énergie considérable, mais pour cela il n'est pas nécessaire que d'autres enfants ou d'autres adultes voient ou canalisent la manifestation de la Vierge.

Nous aimerions vous dire qu'au-delà d'une manifestation, il y a l'énergie et la fréquence vibratoire. Dans certains lieux, la fréquence vibratoire a la capacité de vous élever bien au-delà de votre propre fréquence, et c'est pour cette raison que dans des lieux comme Lourdes il y a une représentation de la Vierge et la présence de son énergie.

Les guérisons "miraculeuses" sont dues à l'élévation considérable de la fréquence vibratoire de certains de ceux qui vont en pèlerinage. Il y a une relation entre leur croyance, leur foi et la fréquence vibratoire du lieu.

Malheureusement, les marchands du temple étant ce qu'ils sont, il fallait réellement - et cela se reproduira de nouveau - qu'il y ait un grand nettoyage. L'être humain a des difficultés à comprendre. Il lui faut encore et encore vivre des épreuves pour qu'il arrive à comprendre qu'il fait fausse route. Les éléments se chargeront de faire comprendre aux êtres humains qu'ils font fausse route !

Posez-vous cette question : pourquoi la Vierge n'a-t-elle pas protégé ce lieu ? Pourquoi a-t-elle accepté deux fois en moins d'un an la dévastation de ce lieu de prières et de recueillement ? Cela est-il juste ? Cela ne l'est-il pas ?

La grotte est un lieu sacré, un lieu où il y a une vibration extrêmement élevée en relation avec les Énergies Christiques, les Énergies du Christ Solaire et également avec d'autres lieux de l'univers.

Sur votre monde y a beaucoup de lieux sacrés qui permettraient aux êtres humains qui les reconnaissent non seulement de se recharger, mais aussi d'augmenter considérablement leur fréquence vibratoire. Cependant ces lieux sont souvent pollués par le commerce, par de fausses religions, par un pouvoir que beaucoup ignorent.

Le lieu sacré de Lourdes et beaucoup d'autres lieux très puissants de votre planète seront réactivés lorsque le moment sera venu, lorsque toute la pollution psychique, la pollution de souffrance et la pollution d'argent auront été nettoyées.

Normalement, les lieux sacrés ne devraient pas voir des défilés comme vous en voyez à Lourdes où ailleurs. Ce devraient être des lieux où les êtres viennent pour s'élever, et non pour supplier une guérison. Ils devraient avoir conscience des cadeaux gigantesques qui leur sont offerts.

Bien avant la manifestation de la Vierge dans la grotte de Lourdes, il y avait des communautés qui se donnaient une étiquette religieuse pour que ce soit plus « confortable » par rapport à l'Église ; Elles venaient dans ce lieu pour pouvoir s'élever considérablement au niveau vibratoire et au niveau spirituel.

Dans le monde, il y a beaucoup d'autres lieux qui ont le même rôle, notamment Medjugorje et d'autres que nous ne citerons pas car ils sont très nombreux. D'une certaine manière, les êtres humains les reconnaissent puisqu'ils y vont en grand nombre ; donc ils ressentent les énergies puissantes qui émanent de ces lieux. Cependant au lieu d'y venir pour y chercher vraiment une évolution spirituelle, ils y viennent bien souvent pour se faire prendre en charge, pour vivre des miracles. Nous pouvons tout à fait le comprendre car la souffrance humaine est insupportable.

À partir du moment où les êtres humains comprennent un tout petit peu mieux la raison de leur souffrance, celle-ci peut s'atténuer et même disparaître, sauf si elle fait partie de leur programmation pour une plus grande évolution et pour l'épuration d'un karma, peut-être pour épurer des énergies qu'ils ramènent de vie en vie et qui, à l'époque actuelle, doivent totalement disparaître.

Si vous allez à Lourdes, essayez simplement de faire le vide en vous, de vous placer non loin de la grotte et de faire appel aux énergies très puissantes qui se trouvent dans ce lieu. Peut-être ressentirez-vous la présence de la Vierge.

Nous aurions tellement, tellement de choses à dire à ce niveau-là, mais par rapport au respect que nous avons pour vous et pour votre sensibilité, nous n'aborderons pas un sujet qui pourrait vous faire poser des questions auxquelles vous ne pourriez pas avoir de réponse. C'est beaucoup plus compliqué et complexe qu'une apparition.

Pourquoi une apparition ? Parfois pour frapper l'imagination des êtres afin qu'ils puissent évoluer plus vite et aussi pour les amener en ce lieu afin qu'ils profitent des énergies. Malheureusement, à partir du moment où ils n'en ont pas conscience ils ne peuvent pas prendre grand-chose. Ils ne prennent qu'en fonction de ce qu'ils sont capables d'intégrer.

S'ils viennent dans ces lieux avec toutes leurs souffrances et leur misère, ils ne peuvent pas intégrer grand-chose ; ils n'ont que la satisfaction d'être allés dans un lieu où il y a eu la manifestation de la Vierge.

(Monique Mathieu, http://ducielalaterre.org)

— Que reste-t-elle de cette conscience pieuse en France ?

— Le pays lit son bréviaire laïc mais ce catéchisme d'état privé de sacré, crée de nouveaux affrontements. Il aurait été si simple d'utiliser le mot « neutralité », celui qui existe depuis la nuit des temps et qui n'a jamais créé d'affrontements. L'État ne devrait être que neutre. La neutralité crée de l'adhésion. C'est une volonté respectueuse. La laïcité crée de l'incompréhension.

— La neutralité n'est pas assez biblique. Ceux qui écartent les vieilles bibles en créent de nouvelles. La Tour de Babel c'est ce tournoiement de nouveaux mots qui changent de sens.

Les premiers chrétiens surent reconnaître le Nazaréen comme relais d'une nouvelle conscience lumineuse. L'œuvre de ce porteur de lumière qui a transmis les composantes invariables de la conscience pieuse et de l'amour inconditionnel ne consistait pas à imposer une nouvelle divinité mais à léguer un nouveau sceau imaginal. Comment réussit-il à faire rayonner cette conscience lumineuse ?

Au fil des siècles, la subtilité théologique des vocables Christ et Jésus-Christ a souvent entravé la compréhension de ce legs imaginal. Pour pacifier l'humanité il faut rappeler les concepts fondateurs en dehors de toute attribution nominative. Les-consciences-que-nous-ne-connaissons-pas leur avaient dit qu'il n'y avait que cinq mots capables de rééquilibrer toute l'humanité. Pas plus. Ils leur en avaient donné quatre : « l'Amour, le Respect, Donner, Recevoir ». La simplicité facilite l'entente et la cohésion. La cohésion est le résultat d'une conscience lumineuse. Nous la fractionnons en multipliant les tours de Babel.

La canalisation de Monique Mathieu éclaire les choses :

Je perçois une immense Lumière, j'ai le vertige, comme si j'étais arrachée de mon siège et emportée dans un immense tourbillon. Toute la lumière que je perçois correspond à une immense Conscience d'Amour, de Création, de vie. C'est très curieux et c'est merveilleux.

Cette conscience me donne son nom.

« Je suis ce que vous appelez l'Énergie Christique, le Christ, Je suis la Vie, Je suis l'Énergie qui construit, je suis l'Énergie d'Amour, Je suis la pure émanation de la Source.

247

J'aide tous les Dieux Créateurs qui donnent vie à des mondes. Je suis ! Je suis l'Énergie qui construit mais Je peux être aussi l'Énergie qui détruit lorsque ce n'est pas conforme à ce que désire la Source, car la Source, tout comme moi, ne désire que la perfection. Je suis l'Amour dans sa manifestation la plus pure, Je suis la Lumière dans sa brillance la plus éclatante. Je suis la Vie !

Quelle relation puis-je avoir avec Jésus ? Jésus fait partie des âmes glorieuses, des Êtres de Lumière qui ont dépassé tous les stades de la matière. Considérez-vous Jésus comme co-créateur de Ma puissance et de la Source ! D'ailleurs le nom Jésus n'a pas de sens pour moi ! Lorsque cette merveilleuse Entité de Lumière s'est incarnée sur votre monde, elle a revêtu un corps de matière pour Me permettre, au travers d'elle, d'ancrer l'Amour et la Lumière sur ce monde. Cet Être m'a permis d'accomplir un travail extraordinaire ! Une partie de Ma puissance l'a adombré, l'a transformé.

Maintenant Elle œuvre d'une façon magnifique au travers de l'Univers ! Elle a cependant un très grand attachement pour le monde de la Terre. Nous aimerions vous dire d'aimer autant l'un que l'autre, c'est-à-dire d'aimer Celui qui, pour vous enfants de cette époque fut Jésus, autant que l'Énergie que vous ne pouvez pas concevoir et qui émane de Moi, que vous appelez le Christ.

Si J'avais un nom à Me donner je dirais : Je suis la Lumière, je suis l'Amour, je suis la Vie. Cela correspond beaucoup à ce que Je suis.

Vous allez dire : comment la Lumière, l'Amour et la Vie peuvent-ils s'exprimer au travers d'une entité humaine ? Je vous répondrai simplement ceci : Je M'exprime au travers de relais puissants qui minimisent Ma force, Ma Lumière et Mon Amour, car cette petite entité humaine au travers de laquelle Je m'exprime ne résisterait pas une seconde à Ma puissance ! J'ai la capacité de donner une goutte de Ma puissance, de Ma Présence lorsqu'Elle est sollicitée, et une goutte de la grosseur d'une tête d'épingle est suffisante pour transformer la vie, ébranler les cœurs et les ouvrir à l'Amour.

Je vous ai donné cet exemple pour vous faire comprendre l'immensité de Ma puissance et aussi combien Je sais la doser, combien Je sais vous protéger, parce que pour Moi chaque parcelle de vie contient une étincelle de la Source, parce que pour Moi, chaque parcelle de Vie dans tout l'Univers est sacrée. Vous êtes tous l'émanation de la Source, vous êtes tous ce que Je suis. »

Je ressens l'Énergie Christique comme je ne l'ai jamais ressentie, mais différemment, j'oserais dire sans émotion humaine mais avec une joie inhumaine non exprimable. C'est comme si tout mon corps se remplissait de quelque chose que je ne sais pas exprimer, comme si toutes mes cellules dansaient et que je prenais conscience que je suis moi-même un Univers, que je suis le Dieu de cet Univers et que l'Énergie Christique que j'ai reçue transforme mon propre Univers. Cette Énergie merveilleuse me dit :

« Aimez-Moi, invoquez-Moi, Je saurai toujours vous donner en fonction de ce que vous pouvez intégrer, sans que cela vous soit néfaste ou vous perturbe ; rien de ce qui vient de Moi n'est néfaste. Alors ouvrez grandement votre cœur, ne pensez à rien, soyez simplement ouverts à ce que Je vous donne ! Mon Énergie est partout dans l'Univers, dans votre Univers, dans notre Univers. L'Amour qui est le Mien ne ressemble pas à l'Amour qui est le vôtre et pourtant Je ressens votre Amour, Je ressens votre appel et J'y réponds toujours. »

J'aimerais encore rester en contact avec cette Énergie, mais je reviens peu à peu dans ma densité première. Je ressens à nouveau un peu mon corps, c'est comme si j'avais été projetée dans l'Univers, dans quelque chose où je me sentais sans limites. C'est extraordinaire de se sentir sans limites, de pouvoir avoir accès à tellement de choses qui nous sont impossibles quand nous sommes enfermés dans la matière ! J'ai peut-être pris conscience du non-temps et du non-espace. (Monique Mathieu, http://ducielalaterre.org)

— Énergie chrétienne ou énergie christique ? demanda Cosima

— Nul ne le sait, répondit Cybèle

— Nous pourrions en changer le nom mais pouvons-nous changer le nom des choses que nous ne connaissons pas ? C'est un peu comme l'eau bénite ; les guérisseurs en ont-ils vraiment besoin pour soigner ? Je me souviens de cette guérisseuse de République Dominicaine qui me racontait que ses clients des beaux quartiers lui ramenaient souvent de l'eau du robinet lorsqu'elle leur demandait d'amener de l'eau bénite. Elle leur disait : « Vous m'avez apporté de l'eau du robinet mais, peu importe, l'énergie de Dieu baigne toutes les eaux ». La vie énergétique est une vibration. Les noms importent peu. Seul compte le cheminement du cœur et la traversée de la nébuleuse opaque inlassablement tissée par l'égo et l'ombre de ce que nous avons exclu. L'humanité joue à colin-maillard en surplombant les autres règnes. L'accordance entre tous les règnes est une vibration du cœur. Un cœur en accordance voit et perçoit.

25. LE SILENCE DES ANGES

Colombe leur lu la définition de l'agnotologie.

« L'agnotologie est l'étude de la production culturelle de l'ignorance. Le terme a été inventé par l'historien des sciences Robert N. Proctor en 1992 et a donné une visibilité nouvelle à un courant d'histoire des sciences, qui fait de l'ignorance elle-même un sujet d'étude. Plutôt que de demander, de manière classique, ce qu'est la science (question classique de l'épistémologie) ou quelles sont les conditions sociales et historiques de notre connaissance (question classique pour la sociologie et l'histoire des sciences), cet historien du tabac, de son « Cancer Wars » de 1995 au récent « Golden Holocaust » en passant par l'ouvrage collectif Agnotology, demande comment et pourquoi "nous ne savons pas ce que nous ne savons pas", alors même qu'une connaissance fiable et attestée est disponible. »

Elles s'étaient si souvent posé cette même question sur les sciences spirituelles. Comment   et   pourquoi   certaines connaissances ou questionnements sont délaissés ou posés avec beaucoup de retard ? L'une de ces questions qui leur semblait importante était la question de l'anonymat des guides. L'épisode biblique de Tobias et de l'archange Raphaël nous amène à questionner le rôle de l'anonymat, du silence et de l'invisibilité des anges. Peut-on formellement nier l'activité des dimensions invisibles ? Est-ce que la physique peut expliquer les liens qui s'établissent entre différentes dimensions ? Comment définit-on une dimension ? Est-ce que les équations nient l'existence d'autres dimensions ou la confirment ? Qu'est-ce qui permet à ces mises en relation synchrones entre le visible et l'invisible de fonctionner ? Si les équations ne nient pas la mort des atomes quelle est alors la vie des atomes qui ne meurent pas ? Ce récit décrit plusieurs épisodes qu'aucun des présents n'a anticipés. Seul l'archange Raphaël, a tout prévu et a fait préparer des antidotes pour remédier aux difficultés qui se présentent pendant le périple.

Colombe adorait l'histoire de Tobias et l'Archange. A sept ans elle avait fait imprimer deux reproductions pour les regarder tous les jours, celle d'Andrea Verrochio et celle de Raphaël. Jeune elle préférait celle de Verrochio, plus tard celle de Raphaël. Elle leur raconta brièvement l'histoire du père de Tobias qui avait souhaité envoyer son fils récupérer une somme d'argent chez un parent vivant dans une ville éloignée et cherché un protecteur capable d'accompagner son fils pendant ce voyage périlleux. L'archange se présente sous une forme humaine pour proposer ses services au père de Tobias.

— L'archange Raphaël reste anonyme et ne révèle sa vraie nature qu'après la résolution heureuse de toutes les péripéties : le mariage inattendu de Tobias, l'attaque et la fuite du démon Asmodée, la somme d'argent récupérée et la guérison des yeux du père. Ce récit nous fait faire une incursion dans l'univers des anges et des guides. Messagers silencieux et anonymes ils ne nous révèlent leur présence qu'au détour d'un rêve ou de faits qu'ils ont anticipés et qu'ils nous présentent avant qu'ils ne se produisent. Depuis qu'elle ne les peint plus, l'humanité a oublié l'existence des anges or leur participation légère et occasionnelle au monde donnait à l'humanité l'envie de poursuivre un dialogue avec autre que soi.

Une véritable accordance entre la pensée contemplative et la pensée scientifique conduirait à poser des questions auxquelles on tarde à répondre.

Que signifie cette capacité à anticiper des autres dimensions ? Comment peut-on comprendre et expliquer le croisement des temps ou l'absence du temps dans les autres dimensions ?

La réponse à ces postulats ferait faire un bond non seulement à la science mais à la conscience humaine. La science ferait des bonds fabuleux si elle scrutait les récits et les images bibliques au lieu de les mépriser. La seule Raison, celle qui tranche le vrai du faux en répliquant des présupposés culturels ne saura ni interroger, ni expliquer le fonctionnement de dimensions complexes.

Les-consciences-que-nous-ne-connaissons-pas leur avaient expliqué que les périodes lumineuses sont celles pendant lesquelles les humains établissent une connexion avec la dimension éthérique. Cette connexion de la conscience avec une vibration pacifique et coopérative accompagne la vie et la transforme. La théologie de la grâce à jadis exprimé l'intuition de cet équilibre. Il en résultait un individu plus libre, avec une conscience à la fois mieux individuée et plus collective.

Les époques qui se déconnectent de la Source, perdent la vision et manipulent les peuples en créant des modèles mondialisés où quelques-uns déplacent à leur convenance des masses d'individus en errance pendant que d'autres constatent et peignent sur les murs avec une conscience a demi-éveillée la maxime « No future ». Mais les consciences-que-nous-ne-connaissons-pas leur avait dit : « la lumière ne disparaît que pendant un temps. Jamais complètement, parce que la lumière est une spirale évolutive qui demeure telle quelle, même lorsque les erreurs causées par un manque de conscience lumineuse ne cessent de se multiplier »

— Parfois il suffit d'un jour pour renverser l'éclat du monde. Mais les miracles n'adviennent que lorsqu'on se met à genoux.

L'ange-gardien avait une fonction d'accompagnement et de protection que tous les enfants comprenaient. Ce compagnon permettait dès le plus jeune âge d'établir un dialogue simple et quotidien avec un Autre que soi. Aidan Storey, dans *Angels of Divine Light*, rappelle ces moments de dialogue avec les anges avant de s'endormir. Tout un chacun pouvait exercer cette capacité légère et inspirée. Ce désir de communication avec d'autres qui ne nous ressemblent pas nous apprend la légèreté. Les Anges n'ont des ailes que pour nous apprendre la légèreté. Depuis, que nous assurons qu'il n'y a dans le ciel que des étoiles qui naissent, explosent et meurent, les enfants ne savent plus comment s'adresser à un ange invisible et anonyme. Entre-temps nous n'avons rien ajouté, ni réélaboré. Nous avons démantelé l'invisible en imaginant un monde autocentré et fermé. Car même si la physique la plus avancée a désormais la certitude que les atomes de l'âme et les traces de la mémoire ne s'effacent jamais, cette discipline ne sait pas comment nous le dire ni comment relier les trajectoires de nos vies matérielles et unidimensionnelles avec l'univers multidimensionnel de l'au-delà.

La seule à pouvoir désormais rationnellement se développer au-delà de ce monde scellé, est la sphère extraterrestre. La sphère extraterrestre a remplacé le monde invisible, elle appartient à une sphère à mi-chemin entre la fiction et l'anticipation. Nul n'a besoin d'élucider son fonctionnement.

Les consciences-que-nous-ne-connaissons-pas toujours attentives et à l'écoute sont comme l'archange Raphaël, elles nous donnent la preuve de leur existence lorsque nous ne nous y attendons pas. Nous ne pouvons pas les confondre avec les esprits familiers ou moqueurs qui viennent communiquer. Les consciences-que-nous-ne-connaissons-pas ne fréquentent pas les séances spirites.

Elles avaient tant de fois été inespérément guidés et n'avaient jamais oublié ces moments. La clairaudience désigne cette capacité à recevoir des messages clairs et audibles, car si nous pouvons douter du contenu des images qui résultent d'un vagabondage dans le monde imaginal ou de projections fantaisistes, nous pouvons difficilement douter des paroles très concises et claires que nous n'entendons qu'une seule fois.

Elles en parlèrent :

— Le clairaudient identifie instantanément les messages venant d'ailleurs. Ils sont très courts et peuvent ressembler à un ordre, mais l'ordre n'est jamais sombre. Si nous ne suivons pas cet ordre, nous ne nous sentons jamais menacés. À la différence des voix de la schizophrénie ou d'autres troubles mentaux où les ordres se répètent en boucle, la parole énergétique en provenance du monde invisible est peu fréquente. Le texte n'est dit qu'une seule fois, rapidement, puis disparaît parce que les esprits avancés ne répètent jamais des informations en boucle. Les informations en boucle sont une programmation.

Cybèle leur raconta une intervention

des consciences-que-nous-ne-connaissons-pas qui s'était étalée de manière très précise sur trois semaines :

— Un lundi ils me dirent : « Dans l'univers il y a un ordre. Nous ne pouvons pas nous occuper de tout le monde à la fois. Eusèbe est le troisième de la file. Cette semaine nous nous occupons du premier, la semaine prochaine du second et la semaine d'après de Eusèbe mais nous pouvons te dire que Eusèbe aura deux offres d'emploi ». Je ne m'attendais pas à ce que le dialogue se poursuive mais le lundi suivant, à la même heure, j'entendis à nouveau la voix du guide. Elle semblait s'être glissée dans un rêve avant l'aube : « Cette semaine, nous nous occupons du deuxième sur la liste. La semaine prochaine ce sera le tour d'Eusèbe ».

Les rêves prémonitoires ne sont pas le résultat d'un processus inconscient mais d'un contact avec d'autres dimensions qui nous revitalisent. Les rêves prémonitoires ne se lisent pas avec des symboles, ils sont limpides, directs et transmettent des informations avec la clarté d'un communiqué de presse. Les rêves prémonitoires sont toujours littéraux, ils sont porteurs d'un contenu détaillé que nous n'oublions jamais, et qui ne s'interprète pas.

Cybèle poursuivit :

— Le lundi suivant, un peu avant le réveil, un guide me confirma : « Cette semaine, c'est le tour de Eusèbe ». Tout se passa comme indiqué. Ce mardi-là, Eusèbe reçu deux offres d'emploi, une par téléphone et l'autre par la poste. Malgré les centaines de candidatures qu'il avait envoyées, il ne reçut jamais aucune autre proposition.

Cybèle lui conseilla de garder le silence le temps de consolider la nouvelle situation. En République Dominicaine, la tradition dit que les esprits perdus ne sont pas télépathiques et profitent de n'importe quelle conversation pour emporter avec eux les paroles prononcées avec trop d'anticipation. Seuls les esprits bienveillants sont télépathiques. Il y eu d'autres messages chiffrés très précis. Des événements fulgurants et des événements plus tranquilles. Tous contribuèrent au résultat final d'une longue histoire qui s'étala pendant plus d'un an avec de nombreux chapitres apparemment indépendants mais reliés entre eux. Cette trame d'informations et de circonstances anticipées, entendues ou rêvées, lui confirma encore une fois, que le contenu d'un rêve prémonitoire est un contenu très structuré et exact. Les rêves prémonitoires sont le résultat d'une recherche pendant le sommeil d'informations vibrationnelles. Nous pouvons les trouver seuls ou les recevoir alors que nous ne nous y attendons pas. Dans les deux cas, nous avons toujours, en nous éveillant, la certitude d'avoir rencontré des consciences-que-nous-ne-connaissons-pas. Alors que la clairaudience est une interaction qui se produit lorsque nous sommes éveillés, les rêves prémonitoires résultent d'une interaction plus fragile et bouleversante entre des Maîtres Oniriques et notre esprit qui reçoit pendant ces voyages lumineux et libres des informations qui nous surprennent. En 1868, Allan Kardec l'expliquait ainsi :

Quoique, pendant la vie, l'Esprit soit rivé au corps par le périsprit, elle n'est pas tellement esclave, qu'elle ne puisse allonger sa chaîne et se transporter au loin, soit sur la terre, soit sur quelque point de l'espace. L'Esprit n'est qu'à regret attaché à son corps, parce que sa vie normale est la liberté, tandis que la vie corporelle est celle du serf attaché à la glèbe.

L'Esprit est donc heureux de quitter son corps, comme l'oiseau quitte sa cage; elle saisit toutes les occasions de s'en affranchir, et profite pour cela de tous les instants où sa présence n'est pas nécessaire à la vie de relation. C'est le phénomène désigné sous le nom d'émancipation de l'âme ; elle a toujours lieu dans le sommeil ; toutes les fois que le corps repose et que les sens sont dans l'inactivité, l'Esprit se dégage.

Dans ces moments, l'Esprit vit de la vie spirituelle, tandis que le corps ne vit que de la vie végétative ; elle est en partie dans l'état où elle sera après la mort; elle parcourt l'espace, s'entretient avec ses amis et d'autres Esprits libres ou incarnés comme lui.

Le lien fluidique qui le retient au corps n'est définitivement rompu qu'à la mort ; la séparation complète n'a lieu que par l'extinction absolue de l'activité du principe vital. Tant que le corps vit, l'Esprit, à quelque distance qu'elle soit, y est instantanément rappelé dès que sa présence est nécessaire ; alors elle reprend le cours de la vie extérieure de relation. Parfois, au réveil, elle conserve de ses pérégrinations un souvenir, une image plus ou moins précise, qui constitue le rêve ; elle en rapporte, dans tous les cas, des intuitions qui lui suggèrent des idées et des pensées nouvelles, et justifient le proverbe : La nuit porte conseil. (A.Kardec, La Genèse, chap. 16)

Colombe leur raconta cette nuit d'hiver pendant laquelle elle avait entendu la voix d'un guide. Il faisait froid. Son amie

Theresa mariée depuis un an l'accompagnait. Elles avaient sonné et attendaient sur le paillasson transies de froid que leurs hôtes ouvrent la porte. À peine eurent-elles franchi le seuil, posé leurs manteaux et salué trois jeunes femmes qui bavardaient entre elles, qu'une voix lui chuchota distinctement : « Cette femme sera la compagne du mari de Theresa » Colombe fixa la jeune femme brune avec sa robe-tablier noire. Sa mémoire enregistra l'information sans ressentir de tristesse. Elle ne ressentit aucune émotion ni l'envie de partager cette information avec Theresa. Elle garda dans un recoin de sa mémoire l'image de cette brune avec sa robe-tablier noire. Lorsque deux ans plus tard, Theresa décida de quitter cette ville, les événements se précipitèrent et reproduisirent le récit entendu. Colombe fit part à son amie de la communication médiumnique et compris seulement alors pourquoi ce qui avait été une communication en apparence funeste ne l'avait ni inquiétée, ni attristée. Son amie avait décidé de commencer une nouvelle vie sans hésiter un instant à tout abandonner. Mais, très longtemps après son départ, elle remerciait encore du fond du cœur le guide qui en prévenant Colombe, lui avait permis de ne pas regretter cette décision en apparence contestable. Et Theresa avait encore à ce jour, un sentiment de gratitude infinie pour celui qui lui avait montré alors qu'elle était encore très jeune, qu'elle ne devait rien déplorer. Les messages de l'autre dimension fascinent presque toujours, parce qu'ils révèlent des apprentissages essentiels. Les échecs sont des étapes d'apprentissage et les pertes anticipées engendrent de nouvelles histoires qui nous font progresser.

Des années plus tard, une médium lui avait expliqué sans qu'elle pose de questions : « Tu t'étais mariée et tu es partie. Cette union c'était pour te montrer la différence qu'il y a entre l'amour et l'admiration. Tu t'étais mariée par admiration, mais l'admiration ne naît jamais du cœur, seul l'amour naît du cœur. L'admiration est mentale et ne dure pas » Depuis ce temps là, Colombe avait dédié ses recherches à ces guides invisibles qui consacrent leur temps à nous transmettre des informations essentielles que nous ne souhaitons jamais discuter.

26.   NEW AGE ET ASCENSION PLANÉTAIRE

> Les mondes ont toujours été créés dans et avec la Vibration Amour, mais cet Amour décline lorsqu'il n'est plus reconnu. C'est une grande tristesse, car lorsque vous ne reconnaissez plus l'Amour qui est pourtant en vous mais que vous avez enfoui sous un grand nombre de voiles, il est presque introuvable, et pourtant il existe, il a la même puissance, mais vous le cachez. (Monique Mathieu, http://ducielalaterre.org)

C'est le message du New Age : les capacités latentes et infinies de la Vibration-Amour et notre oubli de cette vibration. Le New Age n'a fait que rappeler le message de la chrétienté avec de nouveaux exercices de sagesse. Ce nouvel âge est un seuil à mi-chemin entre la conscience monothéiste terrestre et une nouvelle projection polythéiste dans un cosmos traversé par des Maîtres inattendus, inconnus, et toujours en mouvement. Nous n'avons pas compris la portée de cette foule de consciences-que-nous-ne connaissons-pas, contemporaines des road-movies. Nous n'avons pas compris ce qu'elles mettaient en route. Le New Age est né entre *Easy Ryder* et *Paris-Texas*. Où en était la chrétienté 50 ans ap. J-C ? Mesurons la distance. Le pluriel de l'appellation « Nouveaux Mouvements Religieux » indique cette pluralité de type polythéiste et le manque d'identification qui va avec. Les valeurs du New Age n'ont été ni identifiées ni reconnues, alors même que cette philosophie écosystémique avec sa quête numineuse, ses typologies de méditations galactiques, son rapport au corps, ses dialogues médiumniques avec d'autres fréquences, son rapport à la Terre, à l'histoire et au temps, se sont inlassablement faufilés dans nos vies depuis plusieurs décennies. Le recours à une vision suprasensible s'est diffusé sans bruit et sans révolution. Les institutions hospitalières ne s'en étonnent plus, elles se limitent à constater que 75 % de leurs patients ont recours à des thérapies issues de cette spiritualité hybride. Le New Age a renouvelé la philosophie chrétienne. L'amour est moins charitable, mais sa vibration est profondément transformatrice et universelle. La volonté de faire interagir tous les écosystèmes a remplacé les crédos. Les textes ont anticipé les difficultés actuelles et sont à la portée de tous. Les messages sont la plupart du temps diffusés par des voix inconnues qui ne cherchent pas la reconnaissance. Le New Age c'est aussi cela. Des médiums indépendants qui partagent inlassablement, sans assistance et sans ressources leur perception pour accompagner les âmes et faire évoluer la conscience des terrestres. Le but ultime de cette œuvre est l'avancement des individus, une progression lumineuse qui permette une ascension planétaire de la conscience.

Colombe vivait dans une maison construite sur des bergeries. Elle aimait la présence ancienne des moutons et l'idée de vivre sur de l'impensé. Elle percevait leur bêlement et leur toison frisée serrée sous les voûtes de pierres blanchies à la chaux. Les maisons bâties il y a plus de cent ans offraient de l'inattendu. Une liberté interstitielle. L'expérience métaphysique naît elle aussi d'une accumulation de pratiques invisibles et interstitielles. La pratique de la judéité s'est poursuivie pendant huit siècles sans rabbins et celle des chrétiens pendant cinq siècles sans prêtres. L'expérience métaphysique à toujours préexisté à la construction institutionnelle. C'est ce qu'a rappelé le New Age avec des pratiques spirituelles a-institutionnelles. La dimension contemplative a une fonction d'ouverture des cœurs et de pacification et ce n'est jamais le détachement serein propre à cette dimension qui est porteuse de guerres mais la violence humaine. Les générations qui ont désigné le champ du sacré comme responsable de la violence humaine et qui l'ont pour cette raison exclu du champ sociétal, ont voilé les origines de la violence. L'origine de la violence a toujours été humaine avec des exclusions qui entravent l'accordance. Les lois humaines se sont substituées aux lois intemporelles du sacré au lieu de les accompagner. Le sacré n'a pour interlocuteur que la conscience et les lois humaines, un corps social imaginé. Au fil des siècles, un corpus législatif humain de plus en plus illimité et instable tente d'encadrer ce corps social imaginé. Mais la fixité de l'imaginaire institutionnel, engendré par des croyances séculières dont le but premier est de perpétuer un pouvoir temporel, inactive la conscience collective et désigne des coupables que l'on sanctionne. Mais qui sont ces coupables et comment les désigne-t-on ? Est-ce le migrant qui rentre par effraction dans l'espace de ceux qui ont déclenché des interventions militaires qui étendent comme une tâche d'huile des conflits mondialisés sanglants et dématérialisés ? Est-ce les hackers russes qui révèlent deux jours avant la publication du rapport de Sir John Chilcot sur l'intervention de la Grande-Bretagne dans la guerre d'Irak, le contenu d'un courriel de Jack Straw, ministre des Affaires étrangères de Tony Blair à l'ancien secrétaire d'État américain Colin Powell ? Ou est-ce ces responsables politiques qui se félicitent « que le vote du Brexit réduise l'attention sur le rapport Chilcot » ?

De toutes les décroissances, la décroissance législative et sa saisie du monde semble désormais la plus urgente. Cette appropriation illimitée de la vie humaine génère trop d'ombres. Gabriel Garcia Marquez avait su voir cette urgence quand il disait dans *L'amour aux temps du choléra* « ils ne nous tuent plus avec des balles mais avec des décrets ».

Les-consciences-que-nous-ne-connaissons-pas leur avaient souvent dit : « il n'y a pas plus de lois que dans les doigts d'une seule main ; si vous les appliquiez votre monde serait totalement différent. Le respect, l'amour, ne pas juger l'autre, ne pas intervenir dans le territoire de l'autre, donner et recevoir suffiraient à gouverner le monde ».

Elles ouvrirent au hasard un livre de généalogie. La fille de Cécile Duflot s'appelait Térébenthine et celle de Lucie Aubrac, Mitraillette. La fille d'un communiste devenu libéral s'appelait Pravda. Térébenthine, Mitraillette et Pravda étaient les illustrations d'un amour décalé. Décalé sur des cibles qui absorbent l'intégralité de la conscience. Cosima leur raconta que sa mère à elle n'avait jamais pensé aux prénoms. « Les prénoms ce n'est pas important ». lui avait-elle dit. C'est aussi cela l'amour décalé. Trop d'amour pour un parti politique et pas assez d'amour pour nommer un enfant. Térébenthine, Mitraillette et Pravda étaient les enfants d'une guerre interne qui pouvaient ou rire de bon cœur de la folie passagère des hommes ou passer des années à réparer le manque d'amour.

— Si aimer les gens et les territoires faisait partie des fondements politiques, les lois s'écriraient autrement.

Elles parlèrent de la loi Alur conçue par Cécile Duflot, une loi qui pouvait engendrer mille pages de documents photocopiés pour la vente d'un simple studio. Lorsque Cybèle avait demandé à un notaire pourquoi ne remettait-il pas aux clients ces informations sur une clé USB, il lui avait répondu : « un décret suffirait, nous l'attendons ». Ce décret n'arrivera probablement jamais par manque de respect pour les professionnels qui ne sont pas consultés, par manque de respect pour la vie des arbres et de nos forêts, par manque d'amour pour le cours de l'eau et la terre pollués par plusieurs millions de toners supplémentaires. C'est une ministre issue du mouvement écologiste qui a fait voter une loi qui déroge à tous les principes écologiques. A cela s'ajoute une incapacité législative à entrelacer l'habitat et la nature. Les jardins sont devenus des micro-terrains urbanisables. Leur disparition doublement accélérée par cette législation, fait partie de cette même radicalité chaotique et violente.

A ces générations qui avaient débordé d'amour pour les idéologies succédèrent les parents New Age qui débordaient d'amour pour leurs portées galactiques. Les prières médiumniques du New Age, avec ces descentes foisonnantes d'esprits célestes capables de s'adresser à chacun individuellement et à tous collectivement, ont donné l'élan à ces parents de faire naître des enfants lumineux qui guériraient le monde. Cet espoir correspondait à une double recherche d'individuation et de guérison collective. Les dieux ne devaient plus aider les hommes à se sauver mais à se guérir et à guérir le monde. Les spatialités collectives bien identifiées théologie chrétienne, l'espace transitionnel du purgatoire, l'enfer et le paradis, ont cédé la place à des scénarios inattendus et farfelus. Le méditant New Age doit les accepter sans juger. Il n'y a pas de bon ou de mauvais scénarios. Simplement des scénarios avec lesquels les individus peuvent interagir ou ne pas interagir. La guérison se fait au fil de ces ingestions variées qui revitalisent, équilibrent et reprogramment les cœurs, les corps et les esprits. La prière ce n'est que cela. Un outil de guérison individuel et collectif, terrestre et galactique. La tentative d'ascension est constante.

Un été, elles avaient participé sur la plage à un scénario avec des enfants. Des enfants déposés dans la matrice de chacun. Les hommes et les femmes devaient porter et aimer ces enfants qui venaient chercher de l'aide mais aussi aider ceux qui les accueillaient. Ce va-et-vient d'enfants lumineux déposés dans les matrices et les bras d'une assemblée humaine par des êtres venus des étoiles en avait surpris plus d'un. Les hommes s'étaient interrogés. L'expérience des méditations New Age leur avait depuis longtemps appris à laisser faire ces récits sans poser de questions. Le résultat n'apparaissait que par la suite. Elles avaient accepté de bon gré que l'on dépose ces enfants lumineux dans leurs bras et dans leurs matrices. A la fin de la méditation, la médium avait dit « je n'ai pas compris l'épisode des enfants. Avez-vous compris ? » Les médiums New Age ne cherchent pas à comprendre, ils transmettent ce qui leur est demandé de dire. Une seule personne avait compris. Armelle, la sage-femme qui avait toujours des dizaines d'histoires d'enfants à raconter, semblait à l'aise avec ce scénario. Les autres avaient fait l'exercice sans trop se poser de questions. Le lendemain, certaines se rendirent compte que leur conflit avec la maternité s'était évanoui. Cette disparition les faisait rire. Le thème de l'enfantement pouvait leur sembler drôle, elles pouvaient y voir de l'amour. Pour Colombe, sa joie de ne pas être mère était toujours là mais elle pouvait désormais considérer avec amour toutes les maternités. Quelques instants faits de liens avec des enfants dématérialisés et sacrés, avaient guéri son manque de considération pour l'acte d'enfanter et accordé sa conscience à celles baignées de rêves de maternité. Elle portait désormais un regard apaisé sur ces instincts féminins parfois autoritaires, souvent incontrôlés. Les êtres d'une autre dimension avaient réussi à désactiver en moins d'une heure de très vieilles histoires. Des histoires parfois millénaires, parce que les grands refus comme les grands désirs, ne peuvent se construire que pendant plusieurs vies :

275

« Vous n'avez tout simplement pas le temps en une seule vie de marquer la mémoire cellulaire. Votre vie est trop courte » leur avaient expliqué les consciences-que-nous-ne-connaissons-pas.

C'est cela l'amour inconditionnel. Un rythme éternel. Une vibration cristalline, une source intarissable et immaculée qui régénère inlassablement les individus. C'est le message de nombreuses religions. C'est celui du New Age. Une formule mathématique transparente. Contrairement à ce que nous aurions pu penser il y a un siècle, ce ne sont pas les vivants qui détiennent l'intelligence de la vie et l'entendement du réel dans un monde fait de chimères et de bagatelles prédatrices mais les morts et des consciences plus avancées, venues d'ailleurs.

27.   TÉLÉPATHIE

C'était il y a très longtemps. *Le Puerta del Sol*, ce train qui traversait les Pyrénées la nuit et arrivait à l'aube avait contribué pendant plusieurs décennies au va-et-vient des espagnols. Les femmes pelaient des oranges assises aux côtés de leurs maris absorbés par leur sandwich au chorizo. Pour ces exilés de la guerre civile la vie avait souvent été rude. Ils ne parlaient plus le castillan et n'avaient pas vraiment appris le français. Leur biographie était faite d'un assemblage de mots métissés et d'objets ritualisés. La rondeur généreuse de l'orange et la silhouette sèche du chorizo.

Avec le tournant du siècle tout changea. Les voyages de nuit devinrent dangereux et les bagages consignés disparaissaient. Ce fut l'un des derniers voyages que Cosima fit avec ce train lent et bruyant qui accompagnait le vagabondage de l'âme. Lorsqu'elle arriva devant la porte de l'immeuble rue de la Comète, elle s'aperçut qu'elle avait oublié ou perdu les clés. Elle ne pouvait ni accéder à l'intérieur de l'immeuble ni se déplacer avec les deux grandes valises dépourvues de roulettes. Ni les bagages ni les téléphones n'avaient alors la mobilité qu'ils ont acquise depuis. Une solution immédiate, à portée de main, s'imposa : la télépathie. Elle s'assit sur les valises dans le coin le plus ensoleillé de cette rue étroite et appela télépathiquement un vieil ami à qui elle avait confié un double des clés. Jean venait d'emménager avec sa nouvelle compagne et Cosima ne savait pas comment le joindre. Elle pensa aux consciences-que-nous-ne-connaissons-pas qui lui avaient expliqué comment dans leur dimension, la dictée télépathique sert à déterminer le niveau de conscience d'une personne. Plus le niveau de conscience est élevé, plus la retranscription écrite du contenu télépathique est prolixe et précise. Certaines personnes ne retranscrivent que quelques lignes et d'autres des dizaines de pages. Elle envoya donc avec force un « Au secours ! Viens ! », sans chercher à transmettre des images de clés oubliées ou perdues. Rétrospectivement, le choix de cette solution la faisait rire. C'était les dernières années avant que le monde n'entre dans l'ère de la communication perpétuelle. Aujourd'hui, Jean n'aurait peut-être rien entendu, mais à l'époque, il reçut clairement et immédiatement son message. Celle qui allait devenir son épouse et qui venait de lui servir une assiette de salade, se souvient encore aujourd'hui de la colère qu'elle ressentit lorsque son compagnon se leva de table précipitamment sans donner d'explications et referma la porte en disant rapidement : « Je dois aller voir ce qui se passe rue de la Comète »

Il avait reçu l'appel de Cosima et y avait répondu immédiatement sans hésiter. Il n'avait pas attendu la fin du repas, il n'essaya pas non plus de raisonner ou d'argumenter l'exactitude de cet appel au secours télépathique. Il avait marché rapidement pour arriver à temps.

28.   LES FANTÔMES

L'âme est une source d'énergie lumineuse et les fantômes sont une porte.

Cosima avait pensé dès l'origine des téléphones portables qu'ils décupleraient le pouvoir des esprits. Elle nous fit écouter avec ravissement un enregistrement où Pascale Ogier demandait à Jacques Derrida :

— Je voudrais vous demander une chose. Est-ce que vous croyez aux fantômes ?

— Je ne sais pas. C'est une question difficile. Est-ce qu'on demande aux fantômes s'ils croient aux fantômes ?

La sonnerie du téléphone interrompit Jacques Derrida.

— Le téléphone c'est le fantôme... Je vais répondre... C'est une voix fantomatique, quelqu'un que je ne connais pas, qui aurait pu me raconter n'importe quoi.... Aujourd'hui tout le développement de la technologie et de la télécommunication au lieu de restreindre l'espace des fantômes, comme on pourrait le penser, laisse derrière eux l'époque des fantômes, l'époque des manoirs, alors que je crois au contraire que l'avenir est aux fantômes et que la technologie moderne de l'image, de la télécommunication, décuple le pouvoir des fantômes, le retour des fantômes, c'est au fond pour tenter les fantômes que j'ai accepté de figurer dans un film, que nous aurions la chance les uns et les autres de laisser venir à nous les fantômes... Je ne sais pas si je crois ou ne crois pas aux fantômes mais je dis vive les fantômes. Et vous est-ce que vous y croyez aux fantômes ?

— Mais certainement. Oui, absolument. Maintenant absolument » (Ghost Dance, 1983)

Toutes les trois adoraient ces rubans cotonneux roses et jaunes si singuliers et inimitables. Elles ne mangeaient plus de sucre depuis l'enfance mais les rubans de guimauve aux vertus calmantes et adoucissantes faisaient fi de leurs principes. Elles entrèrent dans une vieille herboristerie. Sur le comptoir, les bocaux débordaient de rubans de guimauve roses, blancs, lilas, jaunes et verts. Elles en achetèrent et s'assirent pour déguster ces confiseries à base d'*Althaea officinalis* du grec *altho* « pour guérir ».

Colombe remarqua un livre de poche posé sur le comptoir.

— *Histoire d'une Âme*, l'autobiographie de Thérèse de Lisieux. J'adore !

— J'ai connu des grands-mères qui m'ont dit que c'était mièvre, répondit la pharmacienne

— Mièvre ?

— Non, jamais mièvre ! Ou alors d'accord pour « mièvre » si l'on prend le sens original de mièvre : « vif et malicieux » ou « qui a de la vivacité, mêlée de quelque malice ». Les Modernes ont perdu le goût de l'audace gaie et douce pareille à de la guimauve médicinale.

Elles quittèrent la pharmacie et Colombe leur raconta la vie du médecin britannique Joseph Lister.

— Ce médecin contemporain de Pasteur, fut le premier à identifier l'existence des microbes dans les plaies et à tenter de convaincre les scientifiques de son temps de leur existence. Cette tentative lui valut pendant quelques années l'interdiction de poursuivre ses recherches et l'exil. A cette époque, pour lutter contre une épidémie de peste, les chirurgiens parisiens préféraient démolir les bâtiments infestés plutôt que de suivre les actions antiseptiques recommandées par Lister pour assainir une croissance microbienne que personne ne voyait et en laquelle personne ne croyait. Les gants des chirurgiens du 18e siècle conservés dans les collections du Muséum National d'Histoire Naturelle illustraient le contexte médical qui avait accompagné le combat de Lister. Les longs gants chirurgicaux rouges et blancs étaient maculés de sang. Ces gants ensanglantés signaient le savoir-faire du chirurgien. Un exemple de fétichisme fabuleux. Plus un praticien était expérimenté, plus ses gants étaient maculés de sang. Le sang séché, très visible et réel était une marque revendiquée de célébrité et les microbes une fantaisie de l'esprit. En Europe, le patrimoine matériel a pendant longtemps éclipsé le patrimoine immatériel. La vision de l'invisible a toujours été un combat. Ce qui ne pouvait être vu, n'existait pas. Quand reconnaîtrons-nous que la science s'est tout autant égarée que la religion ? La science à l'instar de toute pensée humaine plonge ses racines dans un espace-temps social et culturel qui formate sa vision.

Avec l'utilisation commerciale des ondes électromagnétiques, l'invisible avait changé de statut. Désormais tout un chacun comprenait que l'invisible pouvait non seulement être porteur de réel mais constituer le fondement de nos communications. Reste à savoir ce que nous ferons avec ce champ vibrationnel. Circonscrirons-nous les ondes à des objets marchands ou développerons-nous la perception humaine ? La radio, les rêves prémonitoires et la vision extrasensorielle ont contribué bien avant les téléphones portables à nous libérer des contraintes de la rétine. Les différentes dimensions sont reliées entre elles ; les fantômes peuvent communiquer avec les humains et les humains avec les esprits défunts mais la communication n'est pas simple. Les-consciences-que-nous-ne-connaissons-pas décrivaient souvent les efforts qu'il fallait faire pour accorder leur niveau vibratoire avec celui des humains. Un jour, l'un d'eux leur avait assuré que « Communiquer avec les humains est à la fois très difficile et très complexe, c'est comme lorsque les humains tentent de communiquer avec un troupeau d'éléphants ou avec une fourmilière ».

29.   PERCEVOIR C'EST AIMER

La perception serait une croyance. Une vision, une idée que l'on se fait des choses. Une idée fausse. Une illusion collective. Un errement du citoyen. L'avocat et député européen Ignasi écarta d'un revers de la main les perceptions des citoyens relevés par Cybèle :

— Les perceptions ne comptent pas, les perceptions sont toujours fausses, assura-t-il.

Cybèle lui répliqua que les « populismes » en Europe naissent du refus des institutions de prendre en compte la perception des citoyens. Les études neurologiques les plus récentes montrent que la perception est une forme d'empathie cognitive complexe. Les circonstances et les objets qui font impression sur les sens d'un individu, d'un groupe d'individus ou une nation anticipent souvent le réel parce que l'empathie cognitive ne cherche pas à imposer une vision, elle reçoit.

La perception à une étymologie à la

fois spirituelle et pragmatique. En 1350 la perception se réfère avant tout au « fait de recevoir l'Esprit Saint » ce qui confirme sa nature surplombante et visionnaire. Cette vision empreinte de sacré n'est pas inexacte, bien au contraire. La précision de la perception continue à s'affirmer à la fin du 14e siècle, lorsqu'elle indique « le recouvrement des revenus d'une terre...». Là encore, la perception mesure la justesse de prélèvements pertinents et l'abus de prélèvements excessifs par rapport au travail fourni « la perception des fruits et le labeur ne sont pas égaux ». La perception est donc une balance qui soupèse à la fois des valeurs spirituelles et les fruits d'un labeur. Le hiatus entre celui qui produit et celui qui prélève relève de la perception parce que la mesure du travail fourni n'est jamais exacte. Le percepteur taxe cent bottes de foin mais le travail fourni pour produire ces cent bottes peut beaucoup varier suivant les circonstances climatiques, géographiques, la situation des parcelles et la qualité du sol, la qualité des semences, les machines disponibles, les circonstances économiques et la valeur accordée au travail agricole par la société. Ce qui pour certains ne représente qu'un effort limité, peut être une tâche épuisante pour d'autres. La perception des agriculteurs donne une appréciation bien plus juste que l'appréciation comptable par contre, comme toute perception, elle varie en fonction des objectifs de chaque partie.

Cosima les écoutait:

— Les perceptions véhiculent de manière imperceptible du sacré et de la justesse. Je l'ai compris il y quelques jours en poussant le portail de la villa de ma grand-mère. Mon regard fut happé un instant par une croix en bois clair. Les volets jaunes l'encadraient. J'observai pendant une seconde le mur fleuri de la chambre qui ouvrait sur le jardin avant de descendre les marches en pierre pour rejoindre la famille assise en cercle autour d'une table ronde peinte avec le même jaune vif. Ma tante Alexandra nous fit part des dernières volontés de ma grand-mère. Ses quinze petits-enfants pouvaient tous choisir un bibelot, un souvenir dans la maison. Mon choix fut instantané. Je demandais cette croix qui s'était imposée à mon regard quelques instants auparavant. L'idée de visiter la maison et d'examiner un à un les objets ne me traversa jamais l'esprit. Je n'en aurai pas eu envie. Mon choix était fait. Alexandra rit de bon cœur en remarquant que j'avais choisi un crucifix avec un christ en plastique. Je n'avais en effet qu'entraperçu de loin la croix en bois clair. Je n'avais pas imaginé un instant que le christ blanc puisse être en plastique mais mon choix n'ayant pas été conditionné par la valeur des matériaux mais par leur clarté, je me joignis aux rires de la famille en leur confirmant mon choix. Ce qui s'était si rapidement présenté à moi était la singularité du christ blanc et l'harmonie de cet objet religieux sur un papier fleuri des années cinquante encadré par des volets jaunes. Ce jaune audacieux qui faisait rayonner depuis plus de cinquante ans cette villa avec sa toiture en forme de pagode chinoise.

La perception est faîte du respect des nuances et des liens entre les différents éléments qui composent les circonstances d'un sujet. L'analyse d'une perception révèle toujours les aspects inédits d'une question. La perception anticipe et révèle. Lorsque je suis entrée dans le jardin j'étais à milles lieux de penser à un legs, mais ma perception à saisi le seul objet qui pouvait m'être légué avec l'accord immédiat de tous. Un legs serein sans faire d'envieux. Ainsi, la perception de cet objet m'en avait dit bien plus que l'analyse fractionnée et sélective des matériaux et de leur valeur. C'est ce que les économistes n'ont pas compris. Ils évaluent nos vies en pixélisant les données. Ils substituent la perception des gens ordinaires par des données statistiques. En opérant ainsi ils créent de la dualité. Une dualité entre perception et statistiques alors même que l'empathie cognitive et les analyses chiffrées sont des instruments complémentaires. Les institutions nationales et européennes devraient saisir à bras le corps les perceptions des européens et s'interroger sur le fossé qui n'a cessé de se creuser entre les perceptions populaires et les statistiques institutionnelles.

Pour cette croix faîte avec deux tirettes de pin clair, les données scientifiques auraient précisé son grammage, dix grammes, sa longueur, dix-huit centimètres, sa largeur, dix centimètres, portant un christ en résine couleur ivoire exempt de valeur sur une croix en pin au dos de laquelle la mention au crayon d'une année de naissance donnait quelques indices sur l'âge de cet l'objet banal. Les données scientifiques indiquent un choix insensé. Elles ne peuvent pas dire pourquoi mon regard s'est posé sur cette croix. A l'inverse, la perception peut facilement énumérer les raisons de mon choix et de mon bonheur à recevoir cet objet : il représente la capacité contemplative, les nuits noires éblouissantes sans éclairage urbain, pendant lesquelles nous écoutions le grondement de l'océan, les volets jaunes que l'on ouvrait le matin avant d'aller prendre un chocolat au lait, la nature, le cœur et l'âme religieuse de notre grand-mère, l'amour de nos grands-parents et la transmission de leur très belle entente. La perception mêle vision, mémoire, transmission et amour parce que percevoir c'est aimer.

Cybèle leur rappela une canalisation de Monique Mathieu :

— « Nous avions dit un jour que les pays deviendraient ingouvernables et que tout s'écroulerait comme un château de cartes; il en sera ainsi, mais cela pourra être très passager si vous avez fait le travail nécessaire afin que nous puissions intervenir pour vous aider ». Notre perception du monde pourrait le faire progresser. Tout est question d'harmonie et de vibration de la conscience. La perception s'élabore à partir d'un vécu inextricablement lié au réel. La perception n'existe et ne circule socialement que lorsqu'elle atteint une masse critique. Cette masse critique donne toute sa valeur à ces expériences cognitives plurielles, vivantes et en mouvance. Plus les institutions déclassent la perception, plus les peuples deviendront ingouvernables. La perception est un outil au croisement de la conscience et du réel.

30.   AMOUR

Un vieil ami de Cybèle arriva à l'improviste. Il revenait de voir sa mère qui s'était fracturé le col du fémur en tombant. Cybèle connaissait Félicienne. À quatre-vingt-douze ans elle jouait tous les jours du piano et vivait chez les Petites Sœurs des Pauvres. Comme souvent à cet âge, les patients sont particulièrement exposés à des épisodes confusionnels et déficitaires post-opératoires. Depuis l'anesthésie, Félicienne ne reconnaissait plus personne, sauf Alban. De ses quatre enfants, Alban avait toujours été celui qu'elle avait aimé de tout cœur. Et après sa chute elle ne reconnaissait personne sauf celui pour lequel son cœur avait toujours battu. N'est-ce pas parce que la mémoire du cœur aimant utilise d'autres circuits que ceux de la mémoire formelle ?

Cybèle lui parla de chèvres d'Esparron-du-Verdon.

— À Esparron la dernière bergère de chèvres se faisait harceler par la moitié du village qui n'aimait pas retrouver le menu crottin des chèvres dans les rues. En 2014, elle mourut. Depuis, plus de chèvres ni de crottin. Les hommes ne veulent plus partager un espace qui appartient à tous les écosystèmes. L'Anthropocène a peu à peur exclu les animaux de nos vies mais accepte de les abattre ou de les poser sur des rayonnages pour en faire commerce sans comprendre ce qui fait battre leur cœur.

31.   LA MÉMOIRE

Il restera toujours de nombreuses questions sans réponse sur la lumière et l'obscurité.

— Combien de personnes luttent pour la lumière et combien pour l'obscurité ?

Les-consciences-que-nous-ne-connaissons-pas leur répondirent :

— Trente pourcent donnent de la lumière, trente pourcent de l'obscurité, et trente pourcent sont neutres.

Elles savaient qu'il était inutile d'enquêter beaucoup plus loin dans les trajectoires des uns et des autres parce que la quête lumineuse est le résultat d'un cycle d'apprentissage, d'énergie et de mouvement.

« Qu'est-ce qui rend une chambre obscure ? La lampe qui ne brûle pas. La lampe est responsable. Allume les hommes et ne t'attriste pas des ténèbres, C'est la loi », disait l'Ange à Gitta Malasz.

Elles n'avaient jamais oublié

Dialogues avec L'Ange, ce livre éblouissant. Pourtant pendant très longtemps, Cosima avait évité de lire ce texte écrit pendant la deuxième guerre mondiale. Elle avait lu des dizaines de livres sur les anges mais n'avait jamais voulu lire celui-là. Cette guerre-là, elle ne voulait pas en entendre parler. Elle ne comprenait ni l'immense espace qu'elle occupait dans l'histoire du 20e siècle, ni le peu de leçons qu'on en avait tiré. Pendant ce temps, les indiens Kogi et tant d'autres petites communautés indigènes dont l'histoire ne parlait pas, avaient vécu sans totalitarismes. Et puis un jour en écoutant Juliette Binoche en lire des extraits elle en avait acheté un exemplaire sur le champ. Elle avait lu ces Dialogues avec l'Ange immobile, pendant trois longues journées d'hiver, le corps glacé près du feu sous une pile de couvertures. Il lui semblait avoir tout vécu. Le départ dans les camps, le récit des anges. Chaque mot, chaque ligne résonnait intensément dans son corps. Elle repensa aux commentaires que lui faisaient les promeneurs dans la rue lorsqu'elle avait vingt ans : « Ton visage rayonne mais ton corps semble revenir d'un camp de concentration ». Longtemps après, de manière totalement inattendue, Nuna lui avait dit avec fermeté : « L'Allemagne, les camps c'est fini maintenant ! » Oui c'était fini. Nuna lui expliqua que sa hantise d'être enfermée venait de cette époque. Elle en avait gardé un besoin d'infini et d'espaces illimités. Elle étouffait dans les bureaux, les appartements, dans les lieux clos. Ce n'était pas de la claustrophobie. C'était un besoin immense et irraisonnable de nature, de contact avec les éléments. Ce qui restait de cette époque était une peur intense de la souffrance et un désir fou de liberté. La deuxième guerre mondiale aurait dû dissoudre les partis politiques et nos démocraties totalitaires auraient dû être remplacées par des systèmes de représentation citoyens et collégiaux. La mémoire c'était ça. Ce que nous conservons après la mort. Rien de plus. Un vécu que le corps garde comme une flamme qui veille.

32.   VIE VISIBLE, VIE INVISIBLE

Certaines tribus préfèrent donner toute la place à la vie, d'autres à la mort, d'autres aux rêves. Les hommes malaxent avec légèreté ces archétypes fondateurs. Colombe pensait que nous devrions les unir, comme nous devrions accorder le corps, l'esprit et l'âme. L'unité des principes compose la dimension invisible. Nous devenons plus visionnaires

— La prière quotidienne dans les églises est une prière vagabonde murmurée par des passants qui ne savent plus à qui s'adresser. L'identité de notre âme s'inscrit ailleurs et veille sur la grande conscience endormie en attendant qu'on l'interroge. Dieu dort et personne ne souhaite le réveiller. La triple déconnection de l'âme, du cœur et des espaces naturels, nous rend fragiles mais rien ne disparaît. Nous expérimentons tous les mêmes schèmes. Lorsque je m'assis à côté d'Erwan et lui donnais des craies de couleur, il dessina un homme avec un manteau cousu d'yeux. Je le regardais faire intriguée par ce dessin si semblable à ceux que je faisais au même âge. Erwan dessinait un homme avec une cape noire cousue d'innombrables pupilles suspendues. Sans me regarder il me demanda pourquoi personne ne dessinait des capes cousues d'yeux. Les enfants clairvoyants ne comprennent pas que l'on ne s'intéresse pas à l'œil en tant que regard neutre, détaché de la vie et de la vision des hommes. Une cape avec des yeux suspendus peut être portée indifféremment par plusieurs individus, ce ne sont pas des yeux personnalisés. Quelques jours plus tard, j'appris que ce garçon de cinq ans qui avait dessiné ce manteau cousu d'yeux en m'expliquant ce qu'il faisait, percevait des âmes errantes et des êtres désincarnés qui lui faisaient peur. Sa mère, particulièrement démunie face à la capacité extrasensorielle de son fils avait demandé des tests psychiatriques mais les conclusions n'indiquaient aucun trouble psychique.

Colombe aurait voulu expliquer à la mère d'Erwan que la vision extrasensorielle nécessite d'être accompagnée par ceux qui la maîtrisent. Mais elle avait dû se taire. « À l'école, on ne parle pas »

Elles parlèrent de la minutie avec laquelle les indiens Kogis aiguisaient la vision extra-sensorielle de leurs voyants.

Colombe aurait voulu traverser ce type d'épreuves. Être accompagnée dans ce type d'apprentissage mais son milieu culturel avait attendu d'elle qu'elle fasse œuvre de plasticienne, en aucun cas œuvre de visionnaire. Alors à cinq ans, elle peignait des portraits de femmes qu'elle habillait avec des lins trempés, baignés dans du jaune éclatant. Le jaune l'éblouissait. L'éclat des pigments jaunes l'immergeait dans la singularité des jonquilles et le mystère des pupilles clairvoyantes. Elle aimait déchiffrer des événements précis mais la vie des uns et des autres restait une énigme. Au fond, elle ne voulait pas accéder à ce que chacun gardait secret. Elle savait que nous pouvons à la fois tout voir et décider de ne rien voir. Elle n'avait jamais oublié sa première séance de voyance avec Sabrina, une jeune amie qui n'avait alors que douze ans et qui lui proposa de lire avec elle l'avenir de personnes choisies au hasard dans Regent's Park. Elles s'asseyaient avec Sabrina sur un banc du parc et son amie la guidait : « Regardes ce manuscrit de vie et lis-le ! Le manuscrit est derrière les yeux », lui disait-elle. Colombe avait beau regarder les yeux de l'homme assis devant elle, elle ne voyait rien. Elle pensait à l'auteur de ce manuscrit et à la place occupée par ces écritures visiblement si bien rédigées et conservées.

Qui les écrivait ? Quelle était la place de ces archives ? Comment étaient-elles rangées ? Quand avaient-elles été écrites ? Combien d'épisodes pouvait-on y lire ? Colombe cherchait à comprendre les enjeux de la perception pendant que Sabrina lui répétait : « Regardes bien cet homme, sa vie est si facile à lire ! C'est de l'eau claire ! »

Colombe essaya encore. Sabrina l'interrompit en lui affirmant : « Tu ne vois rien ! Tu te laisses hypnotiser par le bleu des yeux mais tu n'arrives pas à aller au-delà or le manuscrit de vie est derrière les pupilles ! Essaye encore ! »

Elle essaya à nouveau, mais ne réussit jamais à voir ce que Sabrina, fille et petite-fille de clairvoyante voyait avec aisance depuis son plus jeune âge. Colombe connaissait ses limites. Ses perceptions lui permettaient d'avoir des conversations médiumniques mais elle n'avait jamais voulu exercer ce métier. Elle avait choisi d'appliquer sa vision extrasensorielle à la recherche. C'était un choix très ancien. Des années plus tard, les esprits avaient conforté son choix. Elle avait écouté avec attention leur message relayé par Paul Jacobs : « Aujourd'hui trop de gens essayent de vivre de la médiumnité alors qu'ils devraient appliquer cette capacité à d'autres professions »

C'est ce qu'elle espérait. Elle espérait que les institutions politiques et les Think-Tank travailleraient bientôt avec des visionnaires.

Il y a quelques années, le premier ministre anglais David Cameron avait fustigé la génération qui baissait la tête sous des capuches pour rester invisible, sans comprendre que cette invisibilité de la petite délinquance n'est qu'un miroir de la quête d'invisibilité de la classe politique. Face à des parlements qui font passer en catimini tard dans la nuit des lois préparées par des groupes de pression, les hoodies ne sont qu'un miroir des lobbies. La société ne peut pas fonctionner sans un minimum de visibilité et ceux dont l'œuvre se construit dans l'opacité, ne peuvent rien occulter aux autres dimensions. Tout est vibration et tout s'inscrit dans les fréquences librement accessibles. C'est ainsi que l'énergie circule dans l'univers. Aucun point n'est vraiment opaque. Tous les points opaques créent des échos et des miroirs librement accessibles qui amplifient la réalité occultée. Il suffit de les lire. Notre dimension n'en devrait pas moins mettre fin à l'invisibilité économique du monde, avec des observateurs capables de détailler le fonctionnement réel de la gestion de toutes les sources de pouvoir, les traités, les guerres, les biens collectifs et les circuits financiers. Les pères de la constitution américaine en avaient une conscience claire, d'où la mise en garde de Thomas Jefferson : « Chaque fois que vous faites une chose, agissez comme si tout le monde vous regardait ». Les présidents des États-Unis ont initialement eu l'intention de travailler sous l'œil de Dieu qu'ils ont placé au centre de leur monnaie. Ce rapport à la visibilité avait un sens que nous devrions prendre au sérieux.

La présence d'un regard surplombant et central exprime une réalité vibrationnelle et par extension la nécessité d'un contre-pouvoir non-terrestre, d'une altérité, d'une conscience supérieure, d'une conscience qui ne soit pas celle des hommes. Les études montrent que c'est la présence et non pas la nature de cette conscience éclairante et rayonnante qui est importante : « Plus vous êtes observés, mieux vous vous comportez » avait conclu en 2003 l'équipe dirigée par Melissa Bateson et Daniel Nettle du laboratoire Centre for Behaviour and Evolution de l'Université de Newcastle. L'expérience avait montré que le simple fait d'accrocher des affiches avec des yeux humains sur les murs d'un café, était suffisant pour changer de manière significative le comportement des hommes et des femmes qui devenaient d'emblée plus bienveillants envers les biens collectifs et plus coopérants avec leurs semblables. L'œil qui nous surveille fonctionne également avec les ordinateurs. Terence Burnham et Brian Hare constatèrent à la même époque, que les joueurs de jeux informatiques prennent des décisions économiques plus coopérantes lorsqu'un robot avec des yeux humains apparait à l'écran et les regarde. Cette expérience déplut à de nombreux chercheurs qui tentèrent de la remettre en cause, mais tous les résultats qui suivirent ont confirmé le constat initial de Burnham et Hare.

Nous célébrons depuis maintenant plus de deux cent ans le démembrement de la conscience contemplative. Sommes-nous plus avancés ? La conscience verticale va de pair avec la position anatomique de l'homme. Le renoncement à toutes les consciences verticales peut nous aplatir sur l'horizontalité de nos nouvelles croyances. Les totalitarismes et les génocides industriels du 20e siècle ont été les premiers stigmates de cette volonté historique trop souvent excusée, d'éradiquer les contre-pouvoirs. L'exigence politique d'œuvrer sans contre-pouvoir et la mise en place consciente des totalitarismes et des génocides du 20e siècle ne doit rien au hasard. La paix et la liberté ne naissent pas de l'absence de verticalité, elles naissent de la pratique de cette conscience contemplative qui active un regard plus visionnaire et rayonnant. L'abandon de la conscience contemplative ne pourra être que factice tant que le cerveau humain conservera une aire cérébrale dédiée à cette faculté. Depuis cet abandon, nous avançons avec les yeux bandés.

33.   PAR QUI ÊTES-VOUS GOUVERNÉS ?

Dans les dimensions plus évoluées, le pouvoir n'est jamais confié à une seule personne. Elles avaient accumulé des listes de notes, de questions posées aux consciences-que-nous-ne-connaissons-pas et retranscrit leurs réponses :

— Par qui êtes-vous gouvernés ?

— Par les Êtres du Respect, ils sont trois. Nous y arrivons tous. Un jour c'est notre tour. Rien n'est fixe. C'est simplement la fin d'un circuit.

— Peut-on dire que les chrétiens avec leur trinité avaient la connaissance ou l'intuition de cette trinité évolutive ?

— Oui, en partie.

— Qu'est-ce la chance ?

— La chance n'existe pas, parce que si elle existait, il y aurait des privilégiés, or il n'y a pas de privilégiés, il n'y a que des chemins différents. Quand la vie vous a pris en excès, elle vous donne en excès. C'est ça la chance, répondirent-elles.

— Et le hasard ?

— Les personnes qui gagnent aux jeux de hasard sont celles qui ont été spoliées dans une autre vie. Les jeux de hasard rééquilibrent d'anciens préjudices, répondirent-elles.

Le tirage au sort des citoyens ne relevait donc pas du hasard mais de décisions prises dans un autre espace-temps, dans une dimension plus juste et libre.

Les-consciences-que-nous-ne-connaissons-pas leur rappelaient souvent que les lois énergétiques sont peu nombreuses :

— Il n'y a pas plus de lois que de doigts dans une seule main mais leur application changerait vos vies. Le respect était l'une de ces lois fondamentales. Dans l'univers il y a un ordre. Or quand il y a un ordre, il y a du respect, le jugement ne peut pas exister, il ne peut y avoir que du respect.

Elles nous avaient rappelé tant de fois qu'elles n'ont pas le droit d'intervenir dans nos vies sans notre permission. Tout en ayant infiniment plus de pouvoir que nous n'avons sur la plupart des plans, elles n'ont aucun pouvoir sur nos vies individuelles, par respect pour le chemin que nous avons tracé et par respect pour nos propres décisions. La non-intervention n'était pas une loi mineure. C'est une loi énergétique essentielle incluse dans la toute première loi, le Respect Nous ne devons jamais intervenir dans la vie des autres sans avoir la permission des personne concernées par cette intervention. Nous ne pouvons pas davantage intervenir dans des territoires étrangers. La loi énergétique de la non-intervention est une règle d'or. Elle vaut pour tous les hommes, toutes les nations et toutes les hiérarchies. Faudra-t-il attendre l'effondrement de toutes les populations pour que les États renoncent à intervenir sur des territoires dont ils ne maîtrisent ni les enjeux, ni le destin ?

Cybèle leur demanda :

— Faut-il craindre une guerre nucléaire ?

— Savez-vous quelle est votre plus grande guerre nucléaire ?... Votre déconnexion du cœur. Et votre société en est là.

C'était l'une de leurs questions les plus anciennes. En 1996 elles n'avaient pas bien compris cette réponse, mais elles ne l'avaient jamais oubliée.

34. L'HISTOIRE

La faculté contemplative est une faculté libre qui accompagne l'intelligence ou qui lit l'histoire autrement.

En 2010, lors d'une visite du laboratoire de robotique de l'Université Columbia, le maître des échecs Garry Kasparov fit part de son étonnement aux étudiants en leur posant des questions sur les promesses faites dans les années 1970 dont quasiment aucune n'avait abouti. Ce monde rêvé où les robots devaient nous libérer des tâches les moins agréables semblait n'avoir jamais vu le jour. Il leur demanda : « Quelle est votre vision de l'avenir ? Expliquez-moi les avancées en robotique car pour l'instant je ne les vois pas » Les étudiants un peu déconcertés, ne surent pas répondre. L'un d'eux tenta de rompre le silence : « Nous avons beaucoup avancé en matière de vitesse. Ce qui autrefois prenait trois mois prend maintenant un jour ».

Échec et mat. Kasparov avait posé la

question qu'il fallait. Il manquait à tous ces élèves une véritable réflexion sur la fonction de la vitesse et sur les valeurs du futur, sur la manière dont la technologie et les robots allaient pouvoir aider les individus et la société. En guise de conclusion Kasparov raconta l'entretien qu'il avait eu avec les dirigeants de Google. Ces derniers lui avaient demandé : « Qu'est-ce qui pourrait être fait pour améliorer les systèmes informatiques ? » Il avait répondu : « il faudrait davantage travailler l'intuition et la vision ». Les dirigeants de Google froncèrent les sourcils et lui répondirent : « Non, pas cela ». Garry Kasparov qui connaissait la puissance de l'intuition en avait conclu que malheureusement, Google ne croyait que dans un monde dirigé par les ordinateurs. Depuis, des chercheurs japonais ont montré que l'intuition, cette faculté humaine qui ne fonctionne pas avec les mots mais avec la perception, est la compétence des joueurs les plus avancés et expérimentés.

La dimension contemplative est pacifique et devrait jouer un rôle majeur dans la résolution des conflits. Colombe avait aimé l'exemple des femmes kurdes raconté par Mylène Sayloy dans son documentaire *Kurdistan, la guerre des filles*. En attendant de gouverner le monde pour y faire régner la paix, ces femmes avaient créé un institut pour réformer les hommes. Leur travail de reconditionnement consistait à faire pendant neuf mois, une lecture de l'Histoire faîte du point de vue des femmes. Elles obtenaient des résultats étonnants. L'histoire c'est une palette de couleurs. La représentation de cet assemblage de récits colorés, dépend du choix des historiens accrédités, comme la représentation picturale dépend des événements et des motifs délaissés ou retenus par les artistes. C'est la raison pour laquelle elle avait entrepris de faire une thèse en Sciences de l'Éducation où elle mesurait l'histoire telle qu'on nous la raconte à l'aune d'une palette de couleurs

— Pour comprendre les biais de l'histoire telle qu'on la raconte aux enfants, il faut la pixelliser, en attribuant une couleur à chaque schème imaginal et type de récit historique. La couleur est un révélateur. Elle révèle les déséquilibres de manière flagrante et permet de répondre à des questions qui structurent notre vision de l'histoire : « Quelle place a occupé telle couleur ? », « Quels ont été les enjeux et l'importance de cette couleur au fil des siècles ? ». Lorsque nous réécrivons l'histoire en appliquant un filtre rouge aux périodes de guerre, nous pouvons mesurer l'espace occupé par la couleur rouge suivant les époques, les lieux et les idéologies en cours. Cette lecture symbolique permet de mieux comprendre le poids des guerres et de l'interventionnisme. Nos livres d'histoire sont trempés de rouge. Le rouge est le moteur de l'histoire occidentale. Pourquoi avons-nous laissé le rouge baigner l'histoire que nous transmettons ?

Elle avait commencé à travailler sur l'application d'un filtre blanc aux époques de paix pour révéler la fréquence et l'intensité de ces périodes. En appliquant ce filtre blanc, elle notait à quel point les acteurs concernés par le filtre rouge qui occupent tant d'espace et de temps dans les livres d'histoire, devenaient insignifiants.

L'histoire devrait rendre compte de l'évolution des relations d'une couleur donnée avec les autres couleurs. En attendant d'analyser l'histoire à l'aune du filtre noir pour les épidémies et les catastrophes, Colombe demanda à Cosima de participer à cette analyse en appliquant quelques filtres apparemment secondaires : le vert pour révéler le poids de la vie économique, le bleu pour révéler celui des religions et le jaune pour les découvertes. La couleur a pour avantage de nous donner un code commun dont le contenu ne peut être modifié ni par l'idéologie ni par un détournement du sens des mots.

L'anthropologue Maurice Godelier a souvent rappelé comment le système politico-religieux a toujours structuré les sociétés jusqu'au 20e siècle, époque où le politique se sépare du religieux. La question qui n'est jamais posée est la conséquence sociétale de cette prise en main absolue de toutes les formes de pouvoir par le politique. Les peuples pacifiques n'ont pas eu besoin d'écarter Dieu pour mieux vivre alors que l'exclusion par les États modernes de la dimension contemplative en faveur d'un pouvoir politique unique, ont amené les totalitarismes du 20e siècle.

Ces tentatives totalitaires montrent les errances qui surviennent lorsque les hommes imaginent pouvoir se séparer d'archétypes fondateurs tel que le sacré, la nature ou l'histoire, sans saisir que nous ne pouvons en exclure aucun. Nous ne pouvons pas exclure ce qui nous a fondé, nous ne pouvons que nous pencher sur les pièces abîmées pour les réparer ou pour les réinventer sans les éliminer. Et cela, avec d'autant plus de considération, lorsque le schème concerné a comme pour l'activité contemplative, une aire cérébrale dédiée, décrite par les recherches de plusieurs neurologues dont Andrew Newberg

Depuis le début du 21e siècle, les

termes qui désignaient les catégories politiques, sociales et économiques ont subi une défragmentation et un détournement de leur sens originel. Les mots désignent tout et leur contraire : gauche, droite, libéralisme, démocratie, république. Les partis politiques font tourner ces termes et les distribuent comme on distribue des cartes au poker pour battre des adversaires dont les intérêts sont identiques. La partie de poker se joue sur une scène de théâtre. Les acteurs échangent leurs costumes et traversent la scène. La traversée de la scène prime sur le script. Il n'y a même plus d'auteurs ni de script. Les acteurs évoluent à l'abri de toute évaluation. Les plus modestes d'entre eux veulent simplement traverser la scène théâtrale et les plus grands la scène de l'Histoire.

— Les acteurs de la pièce se sont attribués tous les jokers et ont enchaîné le citoyen ordinaire à des frontières. Ils construisent « une Europe mondialisée et libérale » pour des citoyens qui ne peuvent ni constituer une entreprise européenne, ni obtenir un prêt immobilier européen. Lorsque les frontaliers demandent un prêt immobilier les banques répondent « on ne sait pas faire » et ceux qui découvrent les prêts collaboratifs sur d'autres continents s'aperçoivent qu'ils sont interdits pour cause d'absence d'agrément afin de protéger le monopole des banques. Les mots aussi sont enchaînés à leur histoire. Que veut signifie le terme « démocratie » dans un cadre de gouvernance moniste où le pouvoir est incarné par un seul homme ? Le pouvoir démocratique aurait dû investir une forme de pouvoir spécifique, en tous points différente au pouvoir individualisé des dictatures. La différence entre « démocratie » et « dictature » ne peut pas se réduire à une question d'éligibilité et de temporalité. La véritable question qui devrait structurer nos démocraties est l'individualisation du pouvoir. Sans ça nous réduisons la vie politique à un match de foot. Cet affrontement martial a profondément abîmé le sens originel de la démocratie inséparable d'une éthique de coopération et de la rotation. Le tirage au sort de la démocratie athénienne qui permettait une sélection aléatoire des noms, déterminée par les boules noires et les boules blanches du klèrôtèrion est la variante essentielle d'un véritable pouvoir qui fait progresser une nation au-delà des enjeux d'une carrière individuelle. Les gouvernements seront tôt ou tard obligés de revenir aux origines du concept avec une rotation des élus tirés au sort qui permettra à de nombreux citoyens de détenir pendant un temps une fonction politique et l'instauration d'une collégialité en osmose avec la collectivité.

Cybèle évoqua la « République » cette forme de gouvernement chargée de tout sauver, la Liberté, l'Égalité et la Fraternité, sauf le Réel.

— Pourquoi tant de Républiques ont un problème avec le réel ?

— Parce qu'elles fabriquent leur propre réel en assemblant des symboles. Les citoyens grandissent à l'ombre de ces symboles qu'ils omettent de décomposer. Vivre sur des symboles historiques éloigne du réel. En France, le gouvernement représentatif de Siéyès était républicain pour ne pas être démocratique. Depuis l'idéal républicain prime sur le réel des citoyens.

— Et la laïcité ?

— Un terme qui pour s'imposer a dû faire la guerre. Un mot inventé comme Mao inventa le Maoïsme ou Marx le marxisme. Les mots inventés donnent naissance à l'idéologie. Il aurait suffit de parler de neutralité de l'État. La neutralité a l'avantage d'être un mot clair et sans ambiguïté. La neutralité n'aurait jamais eu la prétention de remplacer les anciennes bibles par la sienne.

— C'est peut-être cela la Tour de Babel, non pas un maelström de langues mais l'obligation de se soumettre à des termes malmenés qui déracinent la raison et épuisent la perception. Ces termes naissent d'une incapacité idéologique à accorder ce qui a été désaccordé ou séparé. Or tout ce qui se désaccorde devra être réaccordé. C'est le rôle de l'Histoire qui en cessant de réciter les faits de guerre fera rayonner la paix dans l'histoire humaine.

35.　CHOISIR SA NATIONALITÉ

Pourquoi les citoyens ont-ils laissé les États s'emparer de l'identité ? Le monde est-il devenu plus pacifique ? La délimitation de l'identité pour renforcer les États-nations ont limité l'imaginaire du citoyen. L'individu ne s'appartient plus et ne peut plus s'imaginer, il doit être ordonné. Les restrictions apportées par le pouvoir royal à la liberté de changer de nom, après l'Ordonnance de 1667, est un exemple de cette mise en ordre que personne n'a questionnée. La variabilité poétique et linguistique de l'enregistrement civil noté dans les registres paroissiaux disparaît. N'a-t-elle pas essayé de renaître avec les alias dans l'espace digitale ? La liberté de se donner une identité qui corresponde à sa propre histoire, à ses propres efforts, n'est-elle pas absolument naturelle et souhaitable ?

Il en va de même pour la nationalité. Les citoyens devraient pouvoir refuser la nationalité des pays qui ne leur conviennent pas. La nationalité devrait être un choix pour le citoyen et une récompense pour les États. Elle ne devrait pas être donnée ou refusée par les États mais refusée ou acquise par les citoyens. La nationalité choisie redessinerait de nouvelles frontières. C'est aux citoyens de redessiner les pays à partir des pays qui prennent le mieux en compte la paix et le bien-être des écosystèmes.

L'action symbolique est essentielle et complémentaire de l'action mathématique parce que la pensée symbolique est agissante. Elle agit différemment, en activant l'imagination créatrice.

— Créons un organisme supranational de distribution des nationalités. Le manque chronique de citoyens forcera les pays mal administrés à être plus attractifs. La nationalité cesserait ainsi d'être une affaire d'identité. Elle deviendrait un baromètre d'attractivité. La perception et les statistiques ne devraient pas s'opposer mais s'entrecroiser. En abandonnant la pensée symbolique nous nous empêchons de penser d'autres modèles sociétaux.

36.   LE SALAIRE UNIVERSEL

—Les nations industrielles ont organisé à leur gré et avec fort peu de contraintes des mouvements de population. Souvent autoritaires lorsque l'économie, la guerre, la démographie ou l'idéologie le requérait. L'Acte des tisserands en Angleterre illustre ces ordres directionnels donnés aux populations :

En 1555, l'Acte des tisserands interdit de rassembler sous un même toit plus de deux métiers à tisser ; cela revient à considérer que le travail à domicile n'est désormais autorisé que pour l'autoconsommation domestique. Toute la confection destinée au marché doit s'effectuer dans les manufactures. Ensuite, les fameuses lois scélérates punissent de la peine de mort l'errance et le vagabondage sur les chemins et les routes et poussent vers les manufactures tout le petit peuple errant des campagnes. C'est le grand enfermement des temps modernes. (B. Hervieu et F. Purseigle, *Sociologie des mondes agricoles*, Armand Colin,

—Nous devrions considérer le salaire universel comme une réparation à ces injonctions directionnelles données par les États-nations depuis le début de l'ère industrielle. Le salaire universel n'est pas aumône mais un nouveau tempo, un modèle plus serein, une nouvelle économie comparable à l'expérience des communautés monastiques professant un idéal de perfection.

—Pourquoi doit-on oser le salaire universel ?

—Les interrogations sur le salaire universel omettent des points essentiels et disqualifient la créativité de l'audace. La même audace qu'eurent antan d'autres modèles de l'économie contemplative. Car le salaire universel n'est pas une économie oisive mais contemplative. Prenons l'exemple des couvents de Mendiants. Les couvents de Mendiants à Liège, à la lisière de la France et de l'Empire, n'étaient pas oisifs, ils étaient au centre de nombreux courants commerciaux, culturels et spirituels. L'expérience contemplative a crée une véritable économie religieuse trop rapidement disqualifiée. Les nouveaux modèles économiques ne sont ni bons, ni mauvais. Ils correspondent à des rêves collectifs, à un besoin d'expérimenter autre chose. Ainsi, les rêves éveillés, sont une fabuleuse source imaginale qui fait basculer l'organisation sociétale. Ce basculement qui en donnant de l'espoir et en ouvrant de nouveaux possibles va faire rayonner le réel autrement, est un facteur incontestable de progrès à condition que l'on examine attentivement toutes les pièces du scénario. Mais le propre des rêves collectifs est de façonner l'imaginaire des rêveurs avec des scénarios incomplets qu'il faut repenser.

Partons des rêves des années 1960. Les magazines débordent d'images futuristes. Les architectes conçoivent des habitats lunaires et martiens, des entreprises, des soucoupes accrochées à des fils de téléphérique traversent sans embouteillages les villes. L'air est bleu. Léger et limpide. Les plus prudents prévoyaient qu'il faudrait une trentaine d'années pour construire ces nouvelles résidences galactiques. Lorsque nous avons rêvé d'automates non plus pour nous divertir mais en espérant nous délester de toutes les tâches pénibles pour gagner du temps libre, nous avons omis de penser les faiblesses et les points forts de ces automates modernes. Leur faiblesse est une omniscience partielle, aveugle et leur force une efficacité mécanique qui rend un grand nombre d'individus obsolètes. Parce que nous n'avons su ni anticiper ni examiner les tenants et les aboutissants de ce scénario machinique hyperactif, nous devrons tôt ou tard recourir à un antidote chargé de réguler cet impensé.

Le salaire universel est cet antidote régulateur. Le salaire universel n'est pas une aumône mais un outil pour réparer une machine qui s'est emballée. Un outil pour changer de paradigme.

Mais le salaire universel est surtout l'aboutissement d'un rêve collectif impensé et programmé à partir des années 1960, lorsque l'humanité a intensément imaginé une vie fusionnelle avec des robots ménagers, un habitat et des usines extraterrestres construites en parcourant l'espace à la recherche d'aventures galactiques. Quelques années plus tard, les rêves et l'impensé avaient cheminé chacun à leur gré : les robots s'imposèrent moins agiles, plus effacés et triviaux que prévu jusqu'à devenir bruyants, bardés de tonalités stridentes, de rayons lumineux qui agacent et alors que nous avions rêvé qu'ils travailleraient à notre place, nous ne leur cédons plus de bon gré nos emplois.

Pourtant l'imaginal projeté avec

enthousiasme d'un commun accord n'est jamais une fantaisie. C'est l'expression d'une conscience collective dont les projections ont une valeur créative et anticipative considérable. Ces rêves galactiques ont abouti au développement de l'ère digitale. L'humanité plongée dans les écrans regarde son rêve. Le sacré fait vieille mine face aux nouveaux fétiches qui ne seront jamais ni vénérés ni mis au repos comme le font les indiens pendant la fête d'Ayudha Puja, ce jour dédié au « culte des outils » parce que nos robots et nos outils absorbent et représentent le sacré. L'Inde peut rendre un culte aux outils parce que leurs outils n'incarnent pas le sacré. Leur sacralité est identifiée et mesurée. Une mise à distance prudente perdue dans la culture occidentale qui en développant depuis l'ère industrielle un système économique en marge du sacré, a sacralisé le système machinique.

C'est de ce transfert de sacralité que naît l'idée de salaire universel. Il ne peut y avoir transfert que là où il y a absence. Il ne peut y avoir sacralisation d'un système machinique que lorsqu'on n'a plus de sacré. Mais que signifie l'absence d'un sacré que nous considérons désuet ? Le sacré est l'espace du souffle. L'avons-nous déjà oublié ? L'absence de sacré produit un essoufflement collectif. Le salaire universel est une demande collective d'individus essoufflés qui doivent reprendre leur souffle.

Dès ses débuts, le matérialisme industriel a disqualifié la fonction contemplative. Il n'a vu dans le sacré qu'un imaginaire religieux inopérant alors même que ce dernier est à l'origine du patrimoine matériel et immatériel de plusieurs civilisations qui n'ont cessé de léguer des héritages éblouissants depuis sept mille ans et plus.

Les-consciences-que-nous-ne-connaissons-pas leur avaient expliqué pourquoi le meilleur indicateur d'une société bien gérée était une journée de travail de tout au plus quatre heures. Au-delà, il y avait perte d'efficacité, manque d'attention et fatigue. Mais les moralistes n'ont jamais accepté la fin de l'esclavage. Ils sont encore très nombreux ; le rapport de l'Inspection Générale des Affaires Sociales de 2016 qui tentait une réhabilitation des réductions du temps de travail dans la lutte contre le chômage, a été occulté. Alors même que le marché de l'emploi tel qu'il a été conçu n'a besoin que d'un tiers des actifs, les moralistes partent de présupposés moraux et idéologiques sur les bienfaits du travail en omettant de mesurer les conséquences stimulantes et heureuses induites par la mise au point de nouveaux paramètres.

Ce ne sont pas les présupposés concernant la faisabilité d'un salaire universel qui doivent retenir notre attention. Ce qui doit retenir notre attention, c'est la volonté de faire évoluer un modèle industriel dépassé qui ne génère plus d'espoir. Tous les scénarios ont une fin. Celui de la surproduction vit ses dernières heures. Nous ne pouvons pas avancer sereinement sur une scène où tous les paramètres sont désaccordés. Le salaire universel est une opportunité pour remettre tous les compteurs à zéro et créer un espace économique contemplatif qui nous permettra de réaccorder la vie humaine à la vie machinique. Pourquoi ne pas essayer de retourner le script politique et économique de l'ère industrielle ? Un scénario de croissance équilibrée, régulée par une évolution de la conscience n'est pas une utopie, c'est une nécessité.

Ce qui a manqué aux Indignés, c'est

une réflexion contemplative. En attendant, ils ont su exprimer un malaise et l'effondrement d'un modèle qui met en péril tous les écosystèmes terrestres et les équilibres sociétaux. Dans un monde où l'emploi est constitutif d'un ordre social, la dimension contemplative amène à inventer un autre rapport au travail. C'est en réintégrant cette dimension contemplative, plus inspiratrice et subtile, farouchement opposée à l'esclavage sous toutes ses formes, qu'émergeront de nouvelles activités professionnelles et de nouveaux rapports à l'économie.

En attendant, réclamons des statistiques limpides qui substitueront le nombre de chômeurs par le nombre d'emplois crées et à pourvoir. Le rite médiatique mensuel qui annonce en boucle des statistiques politiquement acceptables qui omettent des demandeurs d'emploi radiés contre leur gré par l'administration et celles épuisées par la recherche d'emplois inexistants, brouille les faits et entrave la compréhension du réel. Ni les faibles ni les forts ne poussent plus la porte d'une institution qui passe plus de temps à radier les inscrits pour défaut d'actualisation routinière, qu'à imaginer les formes futures d'occupation sociale.

A qui donc pouvons-nous demander de remettre de l'ordre dans les statistiques citoyennes ? Pourquoi ne pas recourir aux professionnels du « fact checking » ? Les médias semblent les mieux à même de créer des plateformes de statistiques citoyennes vérifiées. Ces statistiques vérifiées tout en redonnant une valeur qualitative et citoyenne aux médias, permettraient une compréhension plus exacte de la réalité. Les citoyens devraient exiger des instruments de mesure inaltérables et représentatifs de leur vécu. Ce n'est pas aux institutions de décréter qui est demandeur d'emploi et qui ne l'est pas mais aux individus sans emploi, de construire une représentation fiable de leur réalité.

Toute entrave politique à l'analyse du réel, devrait être très fortement sanctionnée. Nos nations admonestent certains sportifs dopés mais participent au dopage des chiffres. Trop d'institutions politiques et médiatiques se sont habituées à effacer d'un trait de plume les faits réels, avec l'assentiment de tous. La fabrication et la propagation désormais courante de résultats comptables et de statistiques améliorés est un transfert d'efficacité. Nous substituons le manque d'efficacité de l'économie réelle par une croyance destructrice, celle d'un embellissement des chiffres. Cet embellissement ne relève pas seulement d'une beauté des chiffres où l'art du maquillage devient comme pour toute beauté maquillée, acceptable. Cette métamorphose esthétisante est un témoin de notre expression culturelle, un témoin de nos cérémonies rituelles séculières. Les institutions séculières jouent avec cette beauté maquillée pour redonner espoir aux peuples. Les croyances politiques et économiques ont pris le relais des masques de jadis. Or les transferts de sacralité écrasent toujours le réel. Le danger des croyances ne réside pas dans leur contenu. Le danger des croyances réside dans leur volonté de dominer le réel. Le manque de volonté politique d'analyser et d'éclairer les fonctions sociétales en souffrance qui crée le découragement et le sentiment de crise.

Que faire lorsqu'on a divinisé une fonction comme nous l'avons fait avec la fonction « travail » et que l'idole se fracture ? Sommes-nous prêts à examiner nos idoles ?

Face à ce transfert de sacralité qui n'à cessé de fausser l'analyse des fondements de l'emploi salarié, le salaire universel apparaît comme un véritable contrepoids. Alors qu'il n'est envisagé que dans son aspect le plus rustique, celui d'un revenu minimum, son véritable enjeu est de faire Œuvre Contemplative. L'œil contemplatif, celui qui surplombe le monde, a pour fonction ultime d'inverser le regard. C'est cette inversion du regard qui est importante et qui permet d'imaginer un nouveau modèle sociétal qui concurrence le modèle libéral, un modèle hyperactif et dominant qui, il faut le rappeler, tout en imposant une idéologie de la concurrence, écarte l'idée même d'un modèle concurrent. Le modèle libéral s'est imposé comme un modèle totalisant avec une emprise territoriale illimitée. Le monde lui appartient ce qui exclu de facto la possibilité même d'imaginer d'autres modèles. Ce modèle vit néanmoins directement sur les fondations du modèle chrétien qui a quelque chose à nous dire.

La civilisation chrétienne s'est développée en s'appuyant sur les revenus d'un « salaire contemplatif » chrétien. Et c'est bien cette œuvre contemplative qui a produit un patrimoine qui attire encore aujourd'hui en France, plus de visiteurs que les musées américains les plus visités. La création puis le legs de ce patrimoine matériel et immatériel sacré n'est pourtant ni reconnu, ni évalué par les institutions séculières. Les indiens ont disparu sous l'emprise des mêmes contraintes matérialistes ce qui n'empêche pas les nations concernées par l'anéantissement de la culture amérindienne de s'enorgueillir de cet héritage. L'aéroport de Denver accueille le visiteur avec une succession de portraits d'indiens alors même que dès 1849, la ruée vers l'or avait conduit à une élimination systématique des tribus indiennes. Nicolas Adell dans l'Anthropologie des savoirs (2011) retrace l'histoire d'Ishi, le dernier indien yahi. Les mythes et le savoir faire yahi n'étaient pas dysfonctionnels. D'autres mythes totalisants ont simplement éliminé le savoir faire et l'histoire yahi comme ils ont progressivement éliminé la vie contemplative en occident. Le danger du libéralisme est cet encerclement de l'imaginaire et du réel. Le salaire universel est l'occasion de briser cet encerclement pour créer un nouveau script conçu par les modèles contemplatifs.

Pour cela, le chiffrage du salaire universel doit prendre en compte l'ensemble des avantages émanant du rééquilibrage de l'activité productiviste, des écosystèmes et des valeurs contemplatives.

Pour décrire la première guerre mondiale, Anatole France avait dit : « On croit se battre pour la patrie mais on se bat pour l'industrie ». Le temps de se battre pour une industrie qui dévaste les paysages, la santé et qui a imaginé creuser des plaines et des rivières avec des bombes nucléaires doit être régulé. La première guerre mondiale avec ses 10 millions de morts militaires et autant de civils, sans compter les blessés et les mutilés physique et mentaux, ces 4 millions de Gueules cassées et d'estropiés à qui la guerre avait fait perdre la raison, ont été les témoins d'un carnage industriel qui a mis le monde à feu et à sang. Charlie Chaplin l'avait révélé avec les Temps Modernes : face à l'industrie, les hommes ne comptent plus. Nous avons oublié que nous sommes une communauté humaine et que notre plus grande richesse ne réside pas dans notre capacité à accumuler des artefacts mais à créer des schèmes pacifiques mus par la volonté d'une véritable ascension de la conscience et d'un respect de tous les écosystèmes.

Dans une économie où le travail a perdu son sens initial, pourquoi exiger aux individus de se frayer un chemin dans des nations robotisées qui n'ont plus besoin de vies humaines mais d'impôts ? Qu'attendst-on du travail et de la performance après avoir rêvé que les robots nous libéreraient ? Les robots pourraient dès à présent nous libérer si nous étions prêts à célébrer cette libération. Et c'est de cette célébration que naîtraient une foule de nouvelles activités humaines. Le monde a besoin d'une scène nouvelle. La mondialisation a consisté à faire tourner des objets redondants autour de la planète. Cette valse d'objets et d'hommes « où tout doit bouger » n'est que la fin du scénario industriel dont les débuts obligèrent les individus à quitter leurs champs et leurs ateliers pour les usines. Après deux guerres mondiales, le scénario a évolué sous d'autres formes avec d'autres mots. Nous sommes passés de « l'esclavage » au « libéralisme » et de la « décolonisation » à la « mondialisation » mais les schèmes psychiques demeurent identiques.

« Un espace où tout doit bouger » : Cybèle aurait pu trouver la définition d'Europe que lui avait donnée le député européen intéressante ou ludique, si toutes les pièces du puzzle avaient été soumises aux mêmes lois. Mais alors même que les jeux de société ont toujours rappelé que l'on ne peut pas jouer ensemble sans suivre des règles communes, les nations et les entreprises européennes jouent au même jeu avec des règlements disparates. Ainsi dans ce cadre dérégulé et martial où l'Europe a ignoré la nécessité d'une réglementation homogène que les enfants et les adultes apprennent en jouant, le salaire universel apparaît comme une formidable chance pour unifier les règles du jeu et redonner des chances équivalentes et pacifiques à 99 % de la population.

Elles pensèrent aux agriculteurs. À un salaire universel vert pour les exploitations bio. Un agriculteur originaire de Gap, venait de leur raconter que les collectivités locales taxaient de plus en plus les hangars et les constructions agricoles alors même que ces grands bâtiments coûteux ne sont que des outils indispensables à la production. La taxation déraisonnable de la terre agricole et des bâtiments l'avait obligé à déplacer sa ferme sur une commune plus rurale, mais continua-t-il à leur expliquer, tous les agriculteurs ne peuvent pas envisager un déplacement et subissent une véritable pression qui met en péril leurs fermes. Cet exemple parmi d'autres illustrait encore une fois à quel point ceux qui nous gouvernent ne pensent ni aux personnes qui travaillent ni aux conditions du faire mais au montant des impôts qu'ils décident de collecter sans le consentement des parties concernées. L'historien et diplomate médiéval Ibn Khaldun a longuement décrit ce dépouillement cyclique et inexorable des populations rurales par le pouvoir urbain. Lorsque les systèmes productifs sont remplacés par une industrie des prélèvements, les prélèvements sont pérennes mais les activités humaines meurent.

Dans la bible, Élysée doit abandonner le travail de labour pour devenir prophète. Les capacités contemplatives et les capacités de production s'opposent souvent mais peuvent aussi être à l'équilibre lorsqu'on intègre volontairement les deux pôles. Le salaire universel présente cette tentative d'accordance entre les capacités contemplatives et les capacités de production. Le salaire universel n'est pas une aumône de subsistance. Son objectif principal, la transformation du scénario industriel et libéral doit considérer l'ensemble des gains générés par la diminution des maladies résultant de la maltraitance et du mal-être au travail, des dépenses de carburant nécessaire aux déplacements des salariés et d'énergie nécessaire au chauffage et au fonctionnement des bureaux, de la pollution de l'air engendrée par ces déplacements massifs et récurrents, de la destruction des espaces agricoles, de la délinquance et de l'engorgement des tribunaux. En Suède la semaine de 30 heures a fait baisser rapidement le nombre d'arrêt maladie de 20 %. Le bien-être et le bonheur des salariés les a rendus plus efficaces et a permis de maintenir un niveau égal de productivité entre la semaine de 30 heures et celle de 40 heures. Le salaire universel met non seulement un terme à l'ère industrielle et à la souffrance engendrée ses schèmes mais permet surtout de répondre à des questions sociétales essentielles : comment évolue la conscience collective lorsque la subsistance cesse d'être un élément moteur ? Ou quelle est l'évolution de la délinquance lorsque l'insertion matérielle est facilitée ?

La réponse à ces questions, fait du salaire universel un outil expérimental qui permettrait de combattre la délinquance non par l'enfermement mais par la suppression de ce salaire universel. Celui-ci deviendrait dès lors, non seulement un instrument de mesure fiable et permanent mais un modèle sociétal extraordinairement innovant et rentable qui remplacerait les budgets des administrations qui gèrent la santé, la justice, le transport, les faillites et l'emploi. La société ne tarderait pas à constater qu'il est infiniment plus rentable de libérer les énergies vives de la nation en créant un scénario protecteur plutôt que de poursuivre le développement toujours plus coûteux d'un scénario de plus en plus chaotique, enrayé par des mécanismes appartenant à un autre temps.

Certaines anecdotes nous rappellent la violence qu'à supposé la normativité du salariat pour des individus habitués à travailler uniquement lorsqu'ils en avaient besoin. Siegfried Wolinski mourut d'une balle tirée par un ouvrier italien qui demandait à être réintégré après avoir été licencié. En régulant la salariat, les nouvelles lois de 1936 obligèrent les entrepreneurs à faire des choix limités en nombre. L'accès à un marché de l'emploi de plus en plus normé est progressivement devenu de plus en plus difficile. Le salaire universel a pour vocation de créer de nouveaux flux. En coupant les chaînes du passé et les flux unidirectionnels salarié-entreprise, cette rémunération universelle nous oblige à concevoir et à créer d'autres futurs plus ouverts et diversifiés. C'est la nouvelle tâche des États.

En attendant un nouveau scénario, les gens se prennent à rêver de catastrophes qui viendraient renverser et réarranger le monde que nous sommes incapables de réparer. Les transferts planétaires ont pris le relais des transferts de sacralité. La conquête spatiale octroie un pouvoir régénérateur au cataclysme. Alors que Cosima achetait des fruits dans un supermarché et dépouillaient les bananes bio de leur papier cristal, le caissier lui assura : « Moi je ne suis pas du tout écolo, si l'on détruit cette planète je sais que l'on ira ailleurs ». De plus en plus de personnes attendent raisonnablement ou de manière totalement irraisonnée de partir. Elles se demandèrent si c'était le début d'un temps extraterrestre ou de la paresse. Les imaginaires ne conçoivent plus que des machines qui s'emballent, déraillent et cassent. L'inaptitude des machines à fonctionner sur un temps long, devrait obliger l'humanité à abandonner la Terre en laissant tout en plan. Un départ précipité ou un sauve qui peut. Pendant que les femmes rêvent encore d'enfanter des générations galactiques qui viendront sauver le monde, les hommes rêvent à nouveau d'êtres des pionniers. Nous ne sautons plus de train en train mais de planète en planète. Nous voyons la Terre de loin et le mouvement migratoire nous donne l'illusion de pouvoir résoudre ailleurs ce que nous n'avons pas su résoudre ici. Serions-nous devenus une constellation d'étoiles lumineuses ou une confédération de robots immortels ?

37. MINUIT

Dieu s'est assoupi, baigné d'encre bleue avant minuit.

La basilique est fermée et elles se demandent quel est le premier homme à avoir pensé enfermer Dieu dans une basilique. Vingt siècles sont passés. Elles écoutent le son des cloches se disperser et chantent la première des heures canoniales parce qu'elles sont ici, assises sur le parvis de Notre-Dame-de-la-Fin-des-Terre. Elles auraient pu prier en compagnie d'un elfe des neiges, d'une fée ou d'un esprit Bantou si elles avaient été ailleurs. Le sommeil de Dieu permet de contempler toutes les incarnations de sa conscience. Cette quête met les hommes à genoux et les transforme.

Les dieux ont réglé leur temporalité sur nos journées terrestres et nos siècles. Une heure par siècle. Leur longévité dépasse rarement vingt-quatre siècles. Les dieux égyptiens sont restés trente siècles comme lorsque les grands professionnels veillent pour gagner quelques heures avant l'aube. Les dieux tournent avec les heures et le temps. David Hume avait bien raison quand il disait à la France qui lui demandait de lutter contre Dieu : « Vous pensez que je n'ai que ça à faire ? »

Tout s'éveille, tout sommeille et tout se réveille à nouveau.

Notre-Dame-de-la-Fin-des-Terres ouvre ses portes. Elles s'asseyent sur un banc et regardent les foules anciennes suivre le mouvement circulaire de l'abside. Ce fil de la multitude qui colle aux pierres. Ferveur affine des âmes qui cherchent l'éblouissement. Circularité de la dévotion. Arrondi de la gratitude, de la naissance et de la Terre qui nous ensevelit. Sur leur gauche, les sables ont grimpé. La flèche du progrès croise l'abside. Quelques maisons ont gravi la colline. La côte est peu transitée. L'ascension n'est jamais aisée.

38.   DIEU DORT

Dieu dort. La nuit sera plus paisible que le jour. Sous les nuits bleutées Dieu peut enfin rêver. Il fait un rêve prémonitoire. Les anges s'enfuient. Ils se débarrassent de tous les signes religieux. Certains sages murmurent que contrairement à ce que l'on aurait pu penser, la fille aînée de l'Église a peut-être finalement une longueur d'avance sur les autres. Elle qui a tant de retard. Les derniers ne sont-ils pas les premiers ? La piété n'est-elle pas avant tout une abondance de lumière qui bouillonne comme un volcan ? Y puise qui y veut. Frottez cette lumière sur vos corps. Vous pouvez guérir.

Les flots avancent. Sur le parvis, une prieuse leur dit qu'elle ne croit pas à l'immersion de Notre-Dame-de-la-Fin-des-Terres. Il restera toujours la flamme individuelle de ceux qui veulent léguer de la lumière au monde. Et puis, le Soleil a vieilli. Elles lui demandent si la deuxième partie de sa vie sera différente de la première ? La prieuse pense que oui. La prieuse c'est notre double, notre entité éthérique, celle qui nous parle, notre présent et notre futur. Celle qui détient le don de perception, de contemplation. Le moi n'est quasiment rien, un assemblage carbone qui joue à colin-maillard avec le destin. Le bandeau opaque sur les yeux nous rend sûrement heureux. Il nous permet d'explorer à tâtons et nous excuse lorsque nous tombons.

Les Trente-Huit Tesselles